少年商学院

DU DONG JINRONG
读懂金融

英国尤斯伯恩出版公司 编著
石明明 刘 珊 译

目 录

货币是什么	4
货币怎样流动	6
世界各地的货币	8
金钱习俗	10

第一章　货币如何运作　　　　　　　　13

纸币、硬币和其他物品为什么可以充当货币？为什么我们会相信它们？

第二章　货币的故事　　　　　　　　　23

早在第一枚硬币出现之前，货币就已经存在了，几个世纪以来，货币的形式几经演变。这一切是如何发生的？

第三章　银行　　　　　　　　　　　　35

几乎每个成年人都有银行账户，这是为什么呢？银行实际上是做什么的？除了银行还有其他选择吗？2008年，全球遭遇金融危机真的是银行造成的吗？

第四章　赚钱与借钱　　　　　　　　　53

没有钱？没问题！几乎每个人都能通过工作或者向有钱的人借贷得到一些钱。

第五章　消费、投资和捐赠　　　　　　　　　　71

有些人花钱大手大脚，很快就把钱花光，而有些人则更喜欢把它们存起来。如果你有多余的钱，你可以把它捐给慈善机构。

第六章　政府和货币　　　　　　　　　　　　　89

税收、财政赤字、通货膨胀、通货紧缩、量化宽松……这一切意味着什么？由谁来掌控？

第七章　重要问题　　　　　　　　　　　　　　105

怎样成为一个亿万富翁？如何买到幸福？怎样让世界变得更加公平？还有另外一些目前还没有人知晓答案的重要问题。

接下来怎么做　　　　　　　　　　　　　　　　121

术语表　　　　　　　　　　　　　　　　　　　　122
索引　　　　　　　　　　　　　　　　　　　　　125

特别感谢

感谢埃迪·雷诺兹、马修·奥尔德姆、拉腊·布赖恩在本书文字方面的贡献，
马尔科·博纳蒂在本书图画方面的贡献，
艾利克斯·福瑞斯、简·彻丝荷在本书编辑方面的帮助，
杰米·鲍尔、弗雷娅·哈里森、斯蒂芬·蒙克利夫在本书设计方面的帮助，
爱丁堡钱币博物馆专家玛蒂娜·科利特、伦敦南泰晤士学院专家马达莱纳·莱昂对本书知识进行的审订。

货币是什么

即使是银行家、会计师和经济学家这些在工作中经常和货币打交道的人，对于"货币的本质是什么"这个问题的答案也没有定论。最简单但又有点不完整的答案是：货币是公认的可用于支付的一切物品。理论上来说，这意味着货币可以是各种各样的东西。

很遗憾，没有多少人会接受贴纸或者胡萝卜作为报酬。大多数人每天使用两种形式的货币——现金和电子货币。

现金是硬币和纸币的另一种说法。通常，人们用它来跟某人换取其他东西——下面的例子中换取的是拉杰的游戏机。

电子货币跟现金不同,它不是一种有形的东西,而是以电子形式储存的货币。每一个拥有银行账户的人都有电子货币,人们可以通过不同的设备来使用电子货币付款。

您好,我喜欢摆在橱窗里的那双鞋子,不过我没有那么多现金。我可以用其他方式付款吗?

当然可以!

您可以刷卡支付。

或者通过智能手机上的应用程序支付。

如果我们店里没有您要的尺码,您可以在我们的官网上订购,并在网上付款。

当你用电子货币付款时,这个过程没有实物形态的货币经手。电子货币直接从付款人的银行账户转到卖方(个人或企业)的银行账户。

在后台,将电子货币从一个账户转到另一个账户的过程可能非常复杂。

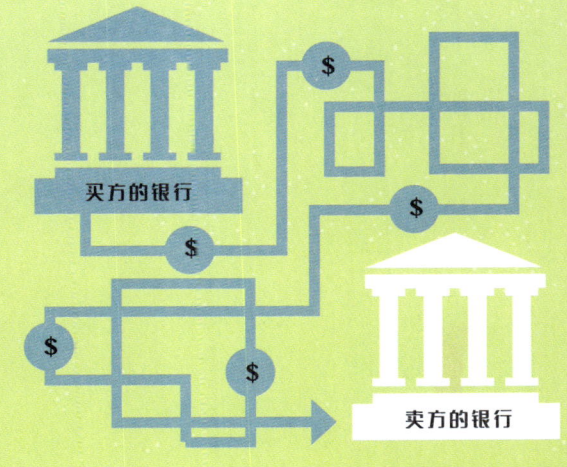

货币怎样流动

货币不停地在人与人之间转移。当货币从一个人转移到另一个人时,称为交换或交易。以下是其发生的主要方式:

收入

大多数人通过从事某份工作来赚钱。更多信息请参阅第四章。

消费

人们把赚来的钱花费在食物、电力等生活必需品,还有书本、娱乐活动等感兴趣的事物上。更多信息请参阅第五章。

纳税

人们赚到的钱一般不能全部拿到手。每个人都必须向政府缴纳一些钱来支付社会公共服务的费用,比如学校和医院。这就是纳税。

更多信息请参阅第六章。

哇!我拿到了报酬。我要想想我能用这些钱来做些什么……

如果我的钱不够怎么办?

或许我可以去借一些钱。

捐赠

捐钱保护珊瑚礁,让它们免受污染!

一些组织和慈善机构依靠人们的捐款来运作。为公益事业捐款称为捐赠。更多信息请参阅第五章。

投资

投资是指为了赚更多的钱把自己的钱花在某些具有增值价值的事物上。

我买了这件艺术品。希望它将来会更值钱，那样我就可以把它卖掉赚点钱。

投资的方式有许多种，更多信息请参阅第78—79页。

借贷

当人们要做某些事情而没有足够的钱时，可以从银行等其他地方借钱。

我借钱买了一套房子。

借出去的钱称为贷款。所有贷款都必须偿还。更多信息请参阅第四章。

上述所有交易和交换都发生在个人、企业、组织甚至政府之间。大多数（但并非所有）货币是通过这些方式流动的。

盗窃

货币流动还有一种方式是盗窃，当然，这是违法的。仅2018年一年，全球就有价值数千亿美元的资金被盗窃。更多关于金钱犯罪的信息请参阅第66—67页。

哈哈，我刚刚入侵了50个人的银行账户，现在他们的钱都是我的了！

哼，我听到了。

世界各地的货币

没有人确切地知道世界上所有现金和电子货币的总额。这些货币以不同的币种呈现出来,以至于很难计算总额。2017年,美国政府估计,世界上有80万亿美元多一点儿的货币。这个数额每天都在变化。

如果你有80万亿美元,你可以……

在加拿大魁北克省购买大约3.5亿套房子,每套价值30万加元（C$）。

这几乎足够给每个加拿大人分10套房子了。

北美洲

乘坐从法国巴黎到美国纽约往返航班大约1,600亿次（490美元/次）。

你在空中飞行的时间比人类起源至今的时间还长！

在美国俄亥俄州购买大约1.45万亿台微波炉（55美元/台）。

如果你把这些微波炉摞起来,可以够到比太阳更远的地方！

在玻利维亚购买大约160万亿卷卫生纸（14玻利维亚诺/包,每包4卷）。

南美洲

这些卫生纸足够覆盖南美洲20多层。

加拿大元、美元和玻利维亚诺是不同的通货,但它们都被称为"dollar"（元）。还有许多其他的通货名称,比如在欧洲19个国家通用的欧元（€）。

目前全球近200个国家和地区共有180种通货。

一单位的某种通货（如1美元）很少会与一单位的另一种通货（如1玻利维亚诺）价值相等。

在俄罗斯，主要的通货是卢布。2018年6月，1卢布价值……

大约10元——中国使用的通货。

大约5坚戈——哈萨克斯坦使用的通货。

俄罗斯

欧洲

亚洲

大约2第纳尔——阿尔及利亚使用的通货。

非洲

一种通货相对于其他通货的价值每天都在变化。这取决于这种通货的汇率。

大约0.2兰特——南非使用的通货。

翻到第20—21页，看看为什么汇率总是在变化。

数月内1卢布的价值（以不同的通货来计算）

元

坚戈

第纳尔

卢布

3月　4月　5月　6月
日期

为了便于比较，在本书的其他章节，价格和金额大都以相同的通货（美元）来表示。

金钱习俗

人们在使用或谈论金钱的时候，常常会无意识地遵循各种各样的规则。这些规则随着时间的推移而改变，并且因国家而异，甚至因家庭而异。

在某些地方，比如超市，价格往往是固定的……

而在其他地方则不是这样的。人们可以讨价还价。

有时候，每个人要分别支付自己的费用。

在其他时候，一个人可能会支付所有的费用。

为感谢某人提供的服务而额外给予的一点儿报酬，称为小费。

美国人习惯给大额的小费（通常是总支出的20%），在有些国家则没有给小费的习惯。

在韩国和日本，人们用两只手来递钱和礼物，以示尊重。

❯❯ 与金钱有关的话题

不管钱多还是钱少，大多数人都很在意钱。与自己信任的人分享信息可能是获取有用建议的一个好方法。

但谈论金钱有时候被认为是不礼貌的，因为钱是一个私密性很强，容易引起情绪波动的话题。

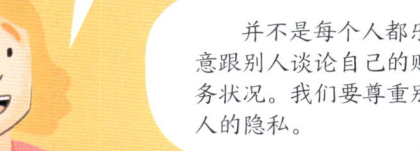

第一章
货币如何运作

货币无处不在——无论你把它看作金属、纸张，还是银行账户上的数字。然而，大多数人每天都在使用货币，却没有思考过它是什么，或者它是如何运作的。

我们不能把所有东西都当作货币来使用。用作货币的东西必须具有一些独特的属性，从而使得它具有价值。请继续阅读，了解更多有关货币的信息。

货币的职能

货币是用来买东西的，不是吗？嗯，是的，但它也有其他用途。如果货币只是用来买东西的，那么也许你根本不需要货币……

上面这种买卖东西的方式叫作物物交换，你不需要用货币作为交换的媒介。但是，如果你拥有的东西不是对方需要的，你怎么进行物物交换呢？

这个时候货币就能派上用场了。人们经常需要货币，所以你几乎总是能够用它买到你需要的东西。

经济学家表示，当人们使用货币进行交易时，是在利用货币的交换媒介职能。但是货币还有其他职能，你可以把货币存起来以便日后使用，或者把它们积累起来，直到你拥有更多的钱。

经济学家认为，这样使用货币是在利用它的价值储藏职能。只有货币长期稳定地具有价值，人们才有可能存到有价值的钱。

就像用分和秒来衡量时间一样，人们也会用货币来衡量价值。这样更容易计算出自己能买得起什么东西，并比较不同东西的价值。

货币这种衡量商品或服务价值的职能，经济学家称为计价单位。

货币的优点

一种货币如果不方便使用，它将会停止流通。世界各地都使用现金和电子货币作为货币，却不使用胡萝卜，这并非偶然。货币具有的某些特性使它很好地发挥了自己的作用。货币作为交换媒介最大的优点是……

实际上，现金和电子货币也并不完美。纸币可能会撕裂，硬币可能会磨损，信用卡可能会折断，银行的电脑故障可能会使电子货币消失。但大多数时候，这些货币都流通良好。

流动的货币

货币可以很容易地从一个人流向另一个人，从一家企业流向另一家企业。几乎所有人都乐于接受货币这一支付方式，因此，货币可以用来购买几乎任何东西。货币的这种特性称为流动性。

如果一位顾客在商店里买了一件夹克衫，销售所得的钱可以有多种使用方式。

商店老板可以用一部分钱从工厂购买更多的夹克衫。

商店老板也会把一部分钱给我，作为我推销这些夹克衫和其他衣服的报酬。

工厂老板把收到的一部分钱发给我们，作为我们制作这些夹克衫的报酬。

工厂老板还可以把这些钱投资在设备和材料上。

工厂员工和商店店员可以用他们的钱给自己买东西。

同样的钱四处流转。每个人都能用它来买到他们需要的东西。

随着货币在买家和卖家之间不断流动，这种循环会一直持续下去。

货币的价值

货币不像食物、住所和水那样本身具有价值——人类没有货币也能生存。硬币、纸币和电子货币之所以具有价值，是由于某些特殊的原因：

1. 法律的规定。

今天我们使用的货币是法定货币。这意味着只有政府制定法律规定货币具有价值，它才具有价值。

为了让人们信任这些法律，大多数国家的政府都与一个名为中央银行的独立机构共同承担管理本国货币的职责。有关中央银行的更多信息，请参阅第六章。

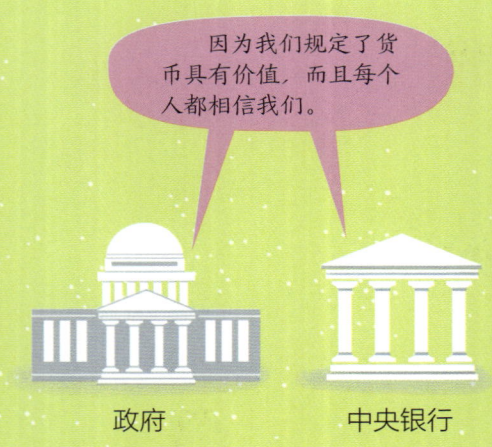

2. 中央银行和政府控制货币供给。

试想一下这样一个世界：在那里，现金的照片可以当作现金来使用……

这看起来是公平的，因为每个人都得到了钱。但是如果这种情况发生，这枚硬币以及它的照片都将失去价值。

如果每个人都能创造出无限的货币，人们就不需要从别人那里获得，也就不会用它来进行交易。

在现实世界中，只有有限的货币供给……

三个人之中只有一枚硬币可以分享，因此三个人对这枚硬币是有需求的，这使得它具有价值。

3. 现金只能在非常安全的条件下，在特定的地点制造。

为了避免人们私下制造无限量供应的货币，硬币和纸币被设计得易于辨别但难以精确复制。以下是货币的一些典型设计特征。

复杂的图案

纸币上的凸起印刷

某些硬币边缘环绕着脊线和字母

只能用紫外线检测到的隐秘设计

然而，无论这些设计多么巧妙，不法分子还是可以伪造，但这个过程非常困难。如果一张钞票具备了真钞的所有特征，那几乎可以确定它是合法制造的货币，你可以相信它。

数字的价值

电子货币没有实物形态，但是出于与实物货币相同的三个原因，我们仍然相信它具有价值。

（1）电子货币可以兑换成中央银行和政府规定的具有价值的现金。

（2）有相关条例规定银行如何制造电子货币，以及可以制造多少。

（3）人们有可能制造假的电子货币，但是需要大量的黑客知识，这使得伪造电子货币跟伪造实物货币一样艰难。

流通中的货币

世界上各个国家和地区的货币并不都是一样的。通常每个国家都有自己的货币，称为通货。来自某个国家的个人和企业都希望收到的货币是当地的通货。

有时候，为了出国旅行或者进行国际贸易，你需要兑换另外一个国家的通货。

在把一种通货兑换成另外一种通货之前，你需要知道这些通货之间的相对价格，即汇率。

你可以在外汇管理局兑换不同的通货，也可以在银行或者邮政部门兑换。这些地方通常会在一块显示屏上标明每种通货的相对价值，如下图所示：

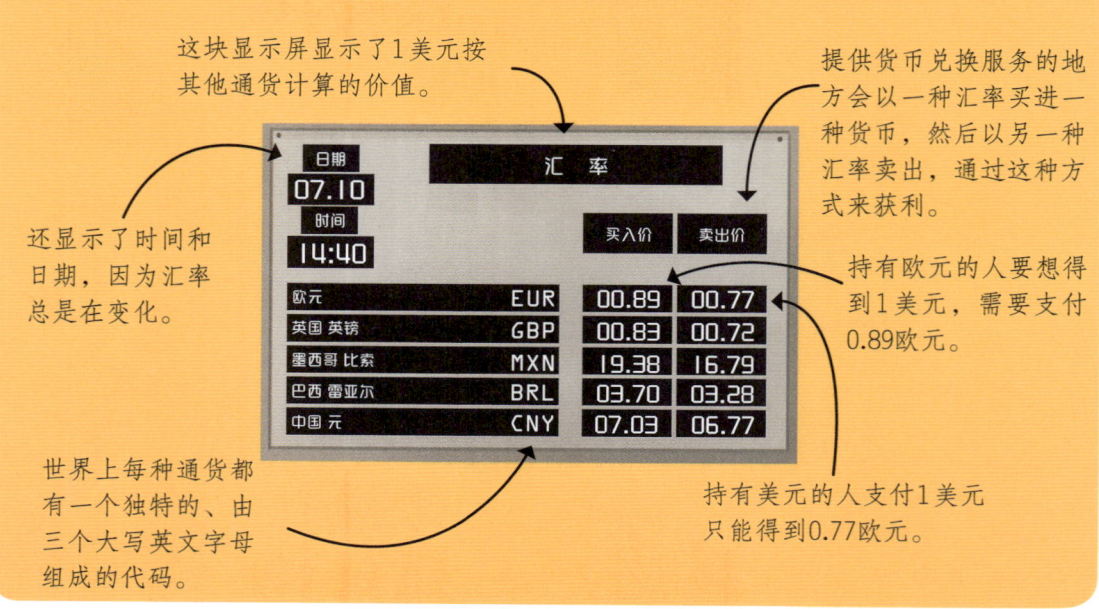

这块显示屏显示了1美元按其他通货计算的价值。

还显示了时间和日期，因为汇率总是在变化。

世界上每种通货都有一个独特的、由三个大写英文字母组成的代码。

提供货币兑换服务的地方会以一种汇率买进一种货币，然后以另一种汇率卖出，通过这种方式来获利。

持有欧元的人要想得到1美元，需要支付0.89欧元。

持有美元的人支付1美元只能得到0.77欧元。

一种通货的价值总是在变化，它的价值取决于人们对它的需求——需求量越大，价值就越高。

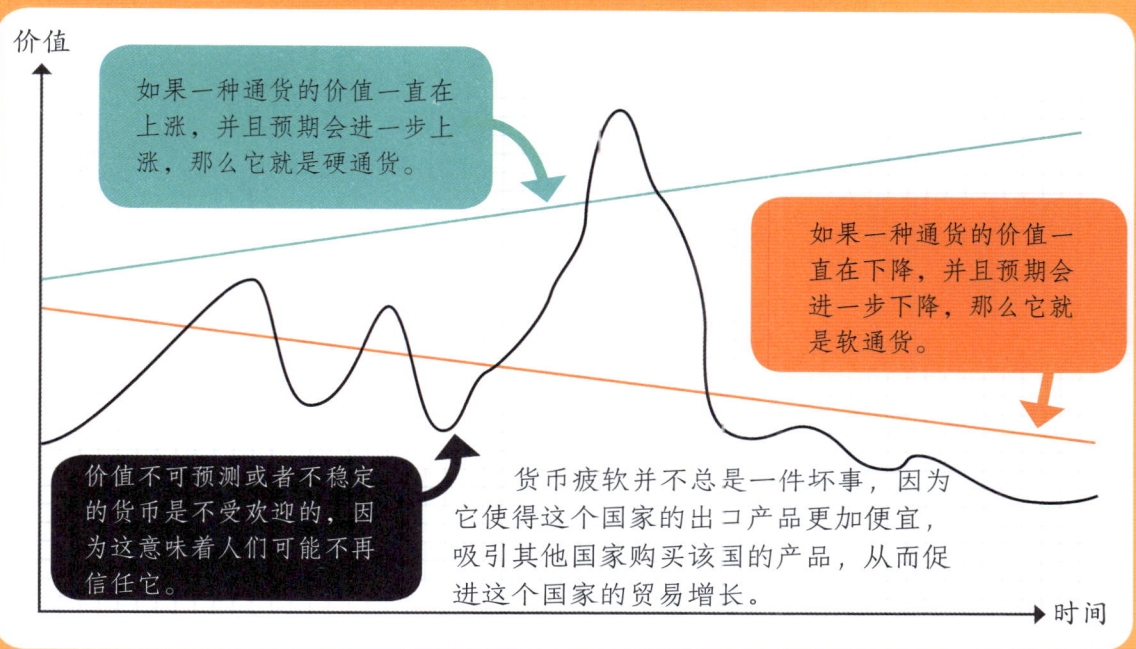

下面几个原因可以解释为什么一些通货比另一些通货更受欢迎。

信用
一种通货的价值取决于人们对该国政府的信任程度。如果人们不信任该国政府，该国通货的价值就会下降。

强大的商业
一个国家的商业越繁荣，该国通货的需求量就越大。

政治决策
要制造多少新货币由一国政府来决定。如果一国政府减少新货币的数量，该国通货就会变得稀缺，这可能会使得该国通货增值。

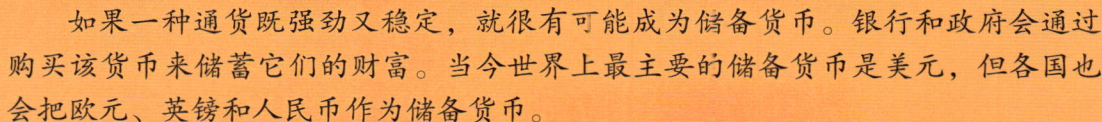

如果一种通货既强劲又稳定，就很有可能成为储备货币。银行和政府会通过购买该货币来储蓄它们的财富。当今世界上最主要的储备货币是美元，但各国也会把欧元、英镑和人民币作为储备货币。

21

第二章
货币的故事

货币的历史悠久,最晚到人类会书写的时候,货币就已经在使用了,因为许多最古老的关于书写的例子就是收据和欠条。

然而,某些形式的货币很可能在这之前就已经存在,甚至在货币还没有自己的名称之前。需要使用货币似乎是世界各地人们的共识,而不是从一个地方传播到另一个地方。

但是,现在的货币形式是如何形成的呢?

货币之外的交换媒介

现存最古老的关于人们使用货币进行交易的证据来自大约9,000年前的美索不达米亚（现在的伊拉克）。历史学家认为，在这之前，人们通过多种方法进行交易。

有时候，人们在交换的时候还没有准备好用来交换的东西，因此他们相互做出承诺。这种承诺也被认为是一种借据。

尽管没有人用"货币"这个词来描述这些承诺和交易，但是人们用于交换的物品具备了货币的所有要素。

▶ 最早的货币

美索不达米亚人记录了他们彼此所欠下的债务，以及如何偿还这些债务，所以我们知道他们把上述这些物品当作货币。这是最早有关货币的记载。记录显示，他们用一种叫作大麦的谷物来衡量价值小的东西，用白银来衡量价值大的东西。他们甚至可能把大麦种子和银条当作硬币，不过这些做法都没有延续到今天。

有趣的货币

最晚从美索不达米亚文明开始,世界各地的人们就已经把各种各样的物品当作货币来使用,就像我们现在使用现金一样。这些简单的货币形式五花八门。

海豚牙齿
大洋洲

华丽的绿咬鹃羽毛
中美洲

贝壳
非洲和亚洲

青铜箭头
欧洲

茶叶
亚洲

可可豆
中美洲

胡椒籽
欧洲

盐块
非洲

金属锭
非洲和亚洲

兽皮
广泛使用

玉石
亚洲

黑曜石
中美洲

雅浦岛石币
大洋洲

这些形式的货币自身具有价值，在某些方面往往很受欢迎。

有些具有吸引力。

真闪亮！

有些具有实用性。

这茶叶泡的茶很好喝。

有些非常稀有。

我们没有味道这么浓的香料，只能等商人给我们带来。

但这些东西作为货币也有弊端。

有些形状和大小不同。

它们每个价值多少？

有些很不方便携带。

我该怎么挪动这枚石币呢？

有些不能长期存放。

糟糕！老鼠一直在吃可可豆。

有些形式的货币缺点比其他的要少。例如，贝壳既稀有又受欢迎，携带方便，经久耐用，并且大小相对统一。

在古代汉语中，表示钱财的汉字"贝"是根据古代的一幅贝壳画演变而来。

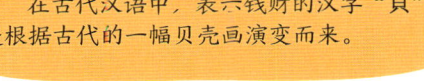

在中国，贝壳是一种非常成功的货币形式，人们还铸造铜仿贝来使用。

铜仿贝大约在2,400年前开始使用。这些小巧的、人造的金属贝壳与当时中国和其他地方已经在使用并更受欢迎的另一种货币形式——硬币有很多共同之处。

硬币的兴起

纵观历史，货币有许多不同的形式，有些形式的货币比其他形式的货币使用更加广泛。随着时间的推移，用某些金属，特别是黄金和白银铸成的扁平小圆片开始在全球范围内被使用。

 最早的硬币是大约2,700年前在吕底亚（现在的土耳其西北部）铸造的。

 在中国，像这样的青铜币最早出现在大约2,400年前。

直到欧洲殖民者到来，美洲人才开始使用硬币，在此之前，美洲人用金器进行交易。

并不是所有硬币都是圆形，大约2,400年以前，印度使用这种形状的银币。

黄金和白银是铸造硬币的最佳材料，它们十分稀有，因而非常珍贵，但又不会太稀缺，几乎每个人都能拥有一点儿。

黄金和白银太贵重，不方便用于日常交易，所以人们也用其他不那么稀有的金属铸造硬币。

金　　**银**　　**黄铜**　　**青铜**

在古罗马，一枚金币的价值相当于25枚银币或200枚黄铜币，又或者1,600枚青铜币的价值。

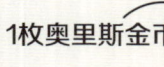 1枚奥里斯金币

对大多数古罗马人来说，一枚银币相当于一天的工资，因此1枚奥里斯金币相当于一个月的工资。

25枚第纳尔银币

200枚都庞地亚黄铜币

1600枚奎德伦青铜币

硬币由当地统治者和政府下令铸造，他们用硬币来征税。硬币必须容易识别，这样人们才有信心使用并接受它。自2,700年前人们首次使用硬币以来，硬币的许多特征都没有发生改变。

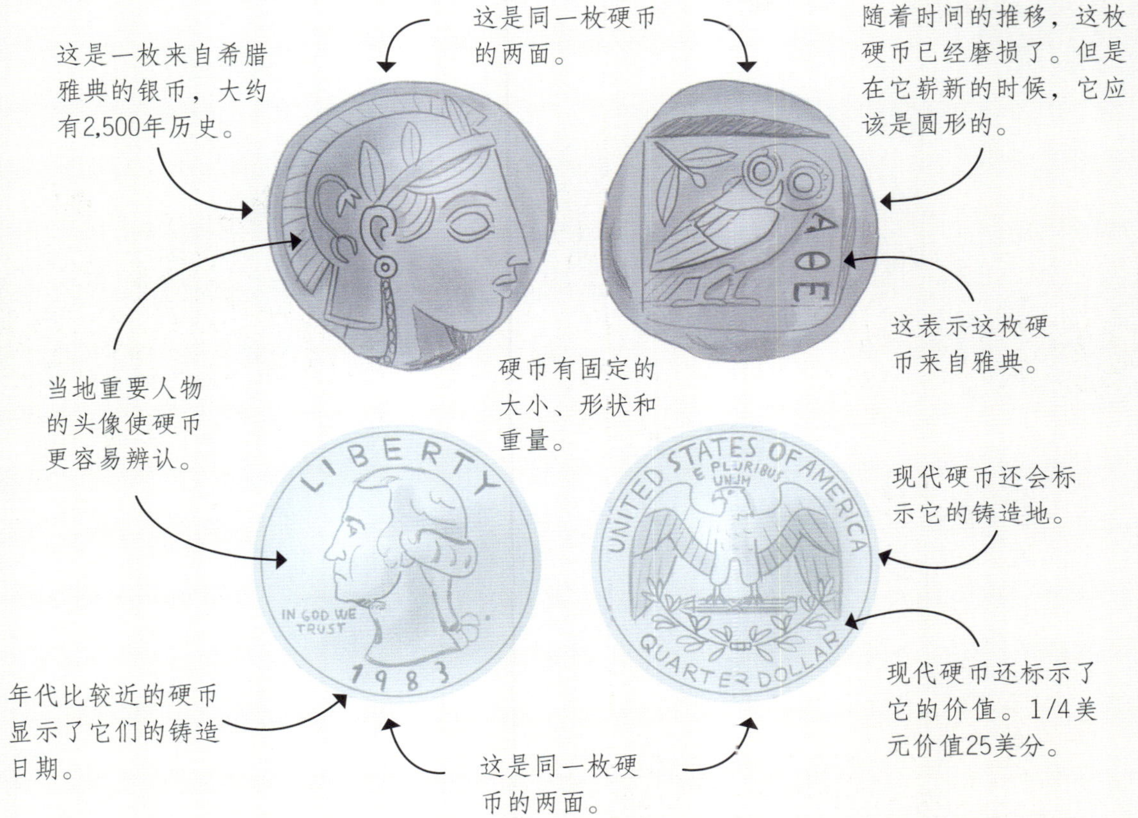

这是一枚来自希腊雅典的银币，大约有2,500年历史。

这是同一枚硬币的两面。

随着时间的推移，这枚硬币已经磨损了。但是在它崭新的时候，它应该是圆形的。

这表示这枚硬币来自雅典。

当地重要人物的头像使硬币更容易辨认。

硬币有固定的大小、形状和重量。

现代硬币还会标示它的铸造地。

年代比较近的硬币显示了它们的铸造日期。

这是同一枚硬币的两面。

现代硬币还标示了它的价值。1/4美元价值25美分。

这种货币体系在1,000多年的时间里运行良好，但硬币并不完美。大量硬币非常沉重，不方便携带，更糟糕的是，携带的过程中可能会被别人偷走。人们还发明了一些用硬币行骗的方法。

骗子把不值钱的金属混在一起，铸成廉价的"金币"。

他们还从真正的金币边缘刮下金属碎屑。
然后，他们把这些碎屑熔化，用来铸造更多金币。

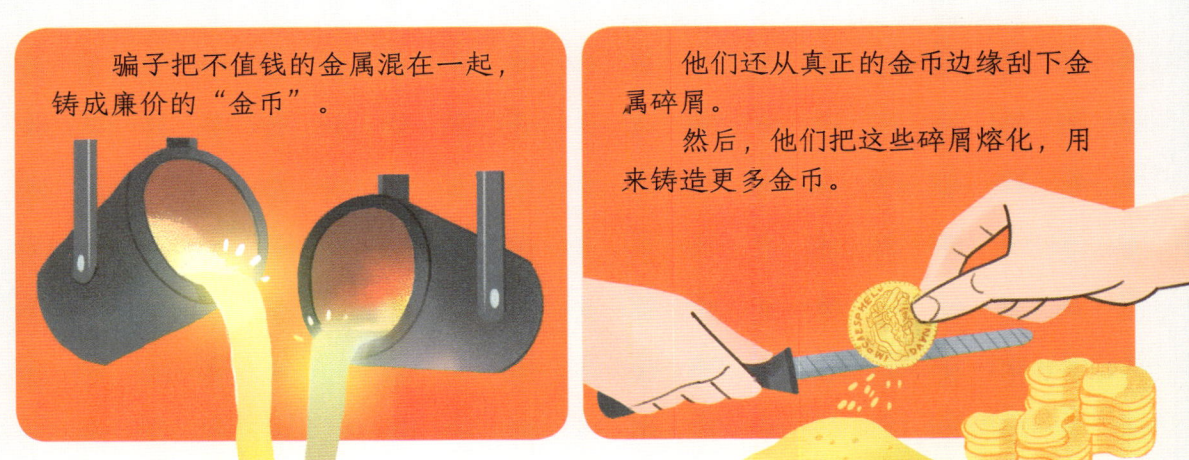

纸币

硬币存在的一个主要问题是不方便大量携带，而人们经常需要用大量硬币购买昂贵的东西。于是，在大约1,000年前，人们想出了一个处理大笔资金的新方法。

带着沉重的硬币到处走很麻烦……

这会让你成为强盗的目标。

为了解决这个问题，中国的银行家提议将人们的硬币存放在安全的保险库中。然后，他们发行一种叫作"交子"的纸质收据，作为人们存钱的凭证。人们可以不用取回自己的硬币，直接用这些收据购买物品。持有这些收据的人拥有价值相等的硬币。

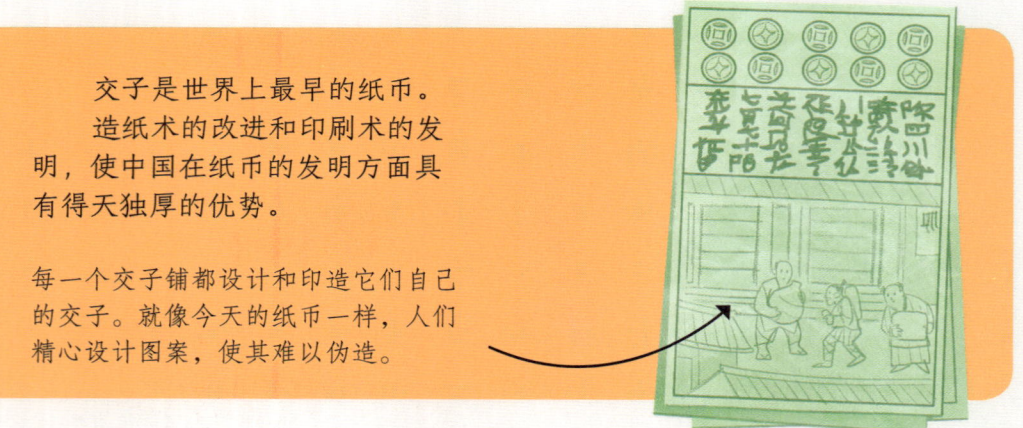

交子是世界上最早的纸币。造纸术的改进和印刷术的发明，使中国在纸币的发明方面具有得天独厚的优势。

每一个交子铺都设计和印造它们自己的交子。就像今天的纸币一样，人们精心设计图案，使其难以伪造。

交子并不完美，它们只能用来代表金额较大的资金，因此大多数人并不使用交子，而且交子比硬币容易伪造。在那个时候，经营交子铺是有风险的。如果交子铺破产，顾客就只剩下一些毫无价值的收据，这些收据所代表的钱是无法收回的。

经过一段时间，这种货币才开始被广泛使用。然而大约在公元400年，这种货币体系就被废弃了。紧接着，中国开始印刷适用于所有主要银行的标准纸币，这种货币体系一直延续至今。

≫不足值货币的发行

现代纸币看起来仍然像是收据,就像交子一样。在有些国家,银行行长的签名被印在这样一段话旁边:

"我承诺见票即向持票人支付……"

但是,如果你把这张纸币带到银行要求兑现,他们不会给你兑换成任何实物。这是因为今天的所有货币都是法定货币,它不能转化成硬币、黄金或其他任何东西。"fiat money"(法定货币)这个名字来源于"fiat"这个词,"fiat"在拉丁语中的意思是"让它实现"。只有政府规定货币具有价值,它才具有价值。但情况并非总是如此……

1816年,英国政府承诺,本国货币可以兑换一定数量的黄金。这被称为金本位制。

如果我愿意,我可以把这张钞票换成价值10英镑的黄金。这些黄金存放在英格兰银行里。

后来,其他国家也采用了金本位制。

加拿大:1854年
德国、法国、美国:1873年
瑞典、挪威、丹麦:1876年
日本:1897年

1914年,第一次世界大战爆发时,包括英国在内的许多国家发现它们需要花费大量的钱。

现在赶快印更多的钱,政府需要为战争买单……

政府发现它们发行的纸币的票面价值总和超过了世界上所有黄金储备的总价值,但它们也意识到,只要人们一直相信银行,这并不重要。

金本位制很快成为历史。1971年,美国成为停止使用金本位制的最后一个国家,金本位制彻底终止。纸币不再与任何东西挂钩。法定货币的时代到来。

各种形式的货币

货币不仅仅是现金或者电子货币，它本质上是一个大多数人都相信的契约。几个世纪以来，人们已经创造出至少三种把契约变成货币的方法。

债务

某人承诺将来会付给你的钱。

在这个例子中，朱莉和罗伯把债务当作了货币。朱莉同意承担罗伯的债务，而不是还给他钱。

我们每个人都难免会有债务。当你有债务的时候，意味着你欠别人钱了。但是债务也是可以购买的。

购买债务以后，你就成了债务人的欠款对象。这些债务是有价值的，因为债务人通常会额外支付一笔钱，称为利息（详见第60页）。购买债务存在风险，因为债务人有时候无法偿还给你钱。但是如果债务人可靠，这种风险就非常低。

人们能够购买的一种低风险债务叫作债券。这种债务可以持续很长一段时间，通常由政府或大公司出售，它们有能力在未来偿还这笔钱。

股份和股票

为了获得某个公司的部分所有权而购买的一种凭证。

如果你持有一个或多个公司的股票,这意味着你有权获得这些公司的一部分利润。如果这些公司经营良好,你可能会定期收到一定的报酬,或者你也可以选择以高于购买时的价格出售这些股票。

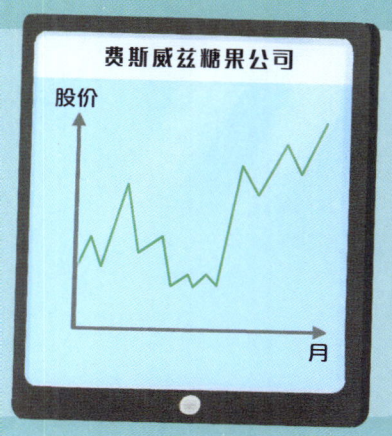

衍生产品

交易双方以其他物品的价值为基础达成的一种合约,这些物品包括股票、债务,或者人们生产的小麦等产品。

> 9月小麦收割以后,你购买我的小麦,每蒲式耳10弗罗林。

> 一言为定!

> 我希望有个好收成。

> 如果收成好,小麦的产量就会很高,甚至超过人们对小麦的需求量……

> 其他农民会降低价格吸引人们购买他们的小麦,这种情况下每蒲式耳10弗罗林可能会比较贵。

> 但是如果收成不好,就没有足够的小麦供应。人们会愿意出更高的价格购买,每蒲式耳10弗罗林就算很便宜了!

> 我希望收成不好。

这两个人正在谈论一种叫作期货的衍生产品。

债券、股票、衍生产品,以及其他形式的货币都被称为金融工具。你可以把它们当作货币与其他人进行交换。一些在银行工作的人(通常薪水很高)都会向有钱的客户提出建议,指导他们通过买卖金融工具变得更加富有。

第三章
银行

很多人第一次接触储蓄是把钱放在一个存钱罐里。但是,当你存的钱多了,你可能需要把钱存进银行,因为存进银行更加安全和方便。

银行不仅仅是成年人的"存钱罐",它还能够做许多存钱罐做不到的事情。比如,银行把钱借给人们,这样它就可以凭空创造出更多的钱。这听起来有点像魔术,在某种程度上来说,它就是一种魔术。

本章将会介绍:不同类型的银行都做些什么,为什么要这样做,如何去做,以及它们可能对世界产生的一些影响。

我的钱在哪里

几乎所有成年人都把他们的钱存放在银行,但他们很少去思考这些钱会发生什么。这在一定程度上是因为"存银行"这种表述很容易让人误会。

首先,人们通常只是去银行的一家分行或者一个办公室,而大银行往往在世界各地的城镇有许多分行,还有网络分支机构。

所以,如果你听到有人说……

我要把这笔钱存入银行。

听起来好像他去的银行分支机构会把这笔存款放在一个写着储户姓名的盒子里。

我想存50美元。

没问题。

储户

银行柜员

把这50美元放到萨利·多林的盒子里。

我马上去放。

萨利·多林

实际上并非如此。当你把钱存入银行之后,这些钱就变成了银行所有分支机构大量存款和收益的一部分。

+来自萨利·多林的50美元

流水账总数:
$15, 789, 432, 310, 100.14

这些钱有很大一部分(但并非全部)来自人们的存款。银行经常从其他银行借钱,也通过向借款的人收费来赚钱。

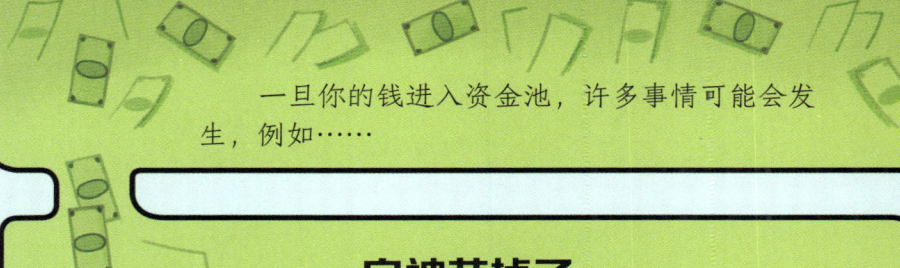

一旦你的钱进入资金池,许多事情可能会发生,例如……

它被花掉了

银行也是企业,就像其他的企业一样,银行需要支付日常运营的费用,以及促进企业发展和改善的费用。

到月底了,该给员工发工资了!

网站需要更新,我们花钱请人把它装饰一下吧。

我们要在日本开一家分公司,需要租一栋楼。

我们需要偿还从另一家银行借的钱。

它被储存起来了

银行不需要把储户存入的所有钱都储存起来,因为不太可能所有储户同时来取出他们的钱。

相反,大多数银行把一些现金放在一个超级安全的保险库里。

有些现金放在中央银行。

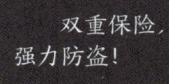

双重保险,强力防盗!

更多有关中央银行的信息,请参阅第99页。

剩下的现金放在自动柜员机(ATM)里,客户可以从中提取现金。

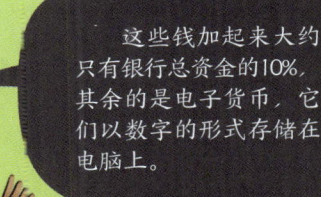

这些钱加起来大约只有银行总资金的10%,其余的是电子货币,它们以数字的形式存储在电脑上。

人们为什么需要银行

即使你一开始把钱存在存钱罐里,迟早也会把它们转存到银行。

> 既然可以把现金存放在家里,为什么还要使用银行呢?

因为……

安全可靠

银行把钱放在远离犯罪分子的地方。银行的电脑都受到特殊保护,黑客很难窃取到人们的详细信息;银行存放现金的保险库也非常安全,每个房间都有监控摄像头。

可追踪

当你把钱存入银行时,银行会记录你花了多少钱,还剩多少钱。银行账户是你的资金使用情况的记录,可分为几种不同的类型。

使用途径多样化

开立银行账户以后,你可以用借记卡支付、在网上支付或者用手机上的应用程序支付,也可以用银行卡从自动柜员机上提取现金。

为你带来收益

正如你从上一页所了解到的,银行会使用你存入的钱。它们可能会在每个月月底或每年年底向你的账户中添加一些钱,作为你在该银行存钱的报酬,以鼓励你存入更多的钱。这部分报酬就是利息。许多人用这种方式来为未来存钱。

> 嗯,有道理。我想银行一定有某种有利条件支持它们这样做。

借款

当个人、企业或政府需要钱来购买他们暂时买不起的东西时,银行可能会同意把钱出借给(贷给)他们。人们向银行借钱有各种各样的原因。

银行只有在确信你能偿还全部贷款本金和利息的情况下才会把钱借给你。请查阅第62页,看看银行是如何做出决策的。

银行为什么要收取利息

银行收取利息有许多原因。首先,利息是它们获得收益的主要方式。其次,如果出了问题,这也是一个安全网——成功贷款的利息可以弥补人们无法偿还贷款所造成的损失。另外,利息有助于防止货币随着时间的推移而贬值。更多信息请参阅第98—99页。

扎克需要从银行贷款50,000美元用来创业。

银行审查了扎克的申请之后,认为他的商业构想很有前景,所以同意借钱给他。

银行通过在电脑中输入"$50,000"创造出新的电子货币,然后将其添加到扎克的账户,同时也把50,000美元记为银行账户减少的钱。

"+$50,000"和"−$50,000"只是电脑上的数字,它们能用扎克偿还的钱来抵销,直到银行没有损失为止。在还款之前,扎克可以用这50,000美元来做生意,然后用他做生意赚的钱偿还给银行。

▶ 潜在的风险

目前,有些银行97%的资金都是通过这种方式创造的。它们以数字形式存在于人们的银行账户中,以债务的形式存在于银行自己的账户中。剩下的3%是由政府创造的现金。

但是,如果电子货币多于现金,每个人都想一次性取走他们所有的钱,会发生什么呢?

每个人都取出他们的存款是不可能实现的,这种情况从未在全球范围内发生过,大多数人只会取出少量现金。但是这种情况在个别银行发生过……

大量储户同时到银行提取现金的现象被称为银行挤兑。如果一家银行的现金用完了,就不能再运作,因为它无法偿还储户的存款。人们对银行失去信任,便不会再在那家银行存钱。这样银行就几乎没有钱可以使用了。

怎样避免银行挤兑?

借入现金

如果一家银行现金不足,可以从其他银行借入。

设置限额

银行可以限定人们每天提取的现金不能超过一定额度。

为存款提供保险

一些国家的政府承诺,如果银行不能兑现储户的存款,就由政府来支付。这打消了人们对银行现金不足的顾虑。

其他类型的银行

并非所有银行都以同样的方式运营。遍布世界各地的伊斯兰银行用其他方法帮助人们购物，同时还能盈利。伊斯兰银行一个主要的不同之处在于它们处理利息的方式。

根据伊斯兰传统，收取利息是不道德的，因为利息会随着时间的推移而增加，这给借款人带来的压力是不公平的。

伊斯兰银行实现盈利的方法之一是穆拉巴哈。下面是它的运作原理：

这种方法意味着客户接受银行给出的固定价格，其中不涉及利息，客户的债务不会逐渐增加，但银行仍然可以从中盈利。

大多数人都相信银行，并经常和它们打交道，但有些人选择在别的地方存钱和借钱。以下是一些常见的选择：

这些术语是什么意思？

众筹通常是在众筹网站上向公众展示一个创意，那些认为创意好的人可以帮助发起人支付项目的费用。当项目完成时，发起人给予这些人相应的回报。比如，在上面的例子中，电影票可以作为回报。如果筹不到足够的钱，发起人必须把已经筹到的钱还回去。

信用合作社就像小型的、简单的银行。它们的业务对象是合作社成员，这些成员对合作社的运营都有发言权。如果一个成员想借钱，合作社会把其他成员的存款借给他，收取的利息比大多数银行要低。在有些地方，一种叫房屋互助信贷会的组织也会这样做。

点对点借贷机构是指将想贷款的人和想借款的人联系起来的公司。贷款人可以看到潜在借款人的要求，并选择向谁放贷。贷款人不像银行那样收取那么多利息，因为他们不需要支付额外的成本，比如员工工资和业务开支等。

离岸银行业务

当企业或个人赚到钱时，他们需要把其中一部分钱作为税款交给政府。但是交给哪个政府呢？有些人通过在低税率国家开设银行账户来避税，这些地方被称为离岸避税港。

丹尼丝是一位富有的女商人和投资者，她对自己纳税的金额感到不满意。

如果丹尼丝设立一家空壳公司，她就可以在避税港为该公司开设一个银行账户，然后把她投资赚的钱直接存入该账户。征收所得税时她可以按照避税港的税收政策纳税，就好像她的收入是在避税港获得的一样。最终，她会少缴很多税。

著名的避税港包括加勒比海的开曼群岛以及法国和英国之间的海峡群岛。避税港经常受到严厉的批评，原因如下：

打垮避税港

世界各国政府每年损失约7,000亿美元的税收。

离岸银行通常对储户的身份和资金活动保密。

如果政府有更多税收，它们就有更多的钱可以花在需要帮助的人身上。

我听说一些离岸银行不核查储户的钱是从哪里来的，或者他们如何花这些钱。

但是企业和投资者也能帮助有需要的人。如果我有更多的钱投资，我投资的企业就会有更多的钱创造就业机会，或者让企业的产品更便宜。

的确经常如此。核查钱的来源会侵犯储户的隐私权。

嗯……但即使是这样，也不公平。如果我必须纳税，为什么不让富人或者大企业纳税呢？

但是如果完全不核查，犯罪分子很容易把赃款藏起来。众所周知，恐怖分子曾通过避税港为战争和暴力事件提供资金。

你不应该纳税！就我个人而言，我会给那些为所有人减税的政府投票。

这种情况很少发生。这是关闭银行就能阻止的吗？此外，我们也能帮助那些处境危险的人，使他们的钱远离犯罪分子和恐怖分子。

好，那你希望政府如何为学校和公路等项目提供资金呢？

如果根本不检查，你怎么知道这种情况很少发生？

据一些研究人员估计，世界上约10%的财富储存在避税港的银行账户中。如果把这些钱平均分给世界上所有人，每个人可以得到1,000多美元，这比世界上某些地区的年人均收入还要多。

45

投资银行

还有一种银行,叫作投资银行,这种银行我们在日常生活中不大可能接触到。它们大多位于大城市的摩天大楼里,做着非常重要的工作。它们会帮助企业和政府为耗资巨大的项目寻求资金支持。

罗伯德公司是一家专门为医院制造机器人的企业,它需要资金来制造更多机器人,保持业绩增长,但不知道从哪里获得资金最好。

> 我们拥有的机器人越多,能拯救的生命就越多……

投资银行可能会建议企业这样做……

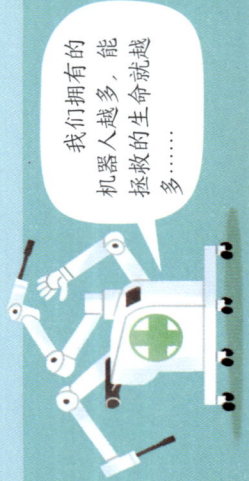

银行经常给政府和企业提供贷款。缺点是它们通常会收取高额利息。

向银行借款!

企业可以使用收益购买股份、债券,衍生产品来赚钱。

做投资!

有时,一家企业会出售。收购一家企业可能要花费很多钱,但这样做可以组成更大的团队,拥有更多的资源进行产品生产。

收购另一家企业!

这通常意味着要找人购买本公司的股票。这些股票可以用来和其他投资者进行交易。

寻找投资者!

摩银大通投资

陷入危机的银行

尽管银行对我们很有帮助，但如果经营不善，它们可能会对社会造成危害。在2008年之前的几年里，商业银行和投资银行对后来爆发的全球金融危机起到了推波助澜的作用。下面将简短地介绍一下这次事件是怎么发生的。

为了赚更多钱，美国的商业银行开始向越来越多的人提供抵押贷款，他们中许多人可能没有能力还清贷款和利息。

商业银行知道这样做有风险。如果人们不能还钱，银行就会亏钱。所以，它们把坏账出售给其他机构，通常是投资银行。

现在，当借款人偿还贷款时，资金会流向购买了这笔债务的投资银行。

投资银行也知道这种债务存在风险，所以它们把这种抵押贷款和比较可靠的债务捆绑在一起出售给投资者。这种做法有时是违法的。

投资银行和投资者每个月都会分享从抵押贷款中获得的收益。抵押贷款的人越多，这种收益就越多。

这个系统似乎发挥了作用。房价不断上涨，人们以高于购买时的价格卖掉旧房子，还清了他们的抵押贷款，然后申请新的抵押贷款购买更贵的房子……

直到房价停止上涨。人们无法再通过出售他们的房子来还清抵押贷款。许多人负债累累，根本无力偿还。

这是一场灾难。商业银行不能再向投资银行出售任何债务，投资银行没有钱支付给投资者。这根链条上的每个人都在亏钱，彼此失去信任。其后果是可怕的。

周围的钱变少。人们失去了工作，许多人买不起生活必需品。当这种情况在一段时间内大规模发生时，被称为经济衰退。2008年的金融危机是一场严重的经济衰退。

世界各地的银行和投资者都被卷入其中，因此经济衰退从美国蔓延到了其他国家，数十亿人受到影响。

对银行的怒火

到2008年中期,一些银行已经损失惨重,被迫停业。另一些银行停止发放贷款,企业和个人无法申请到贷款。在某些地方,政府选择用大量税款来拯救濒临破产的银行,民众对此很愤怒。

> 我们为什么要为银行家愚蠢贪婪的错误买单?

> 我生意失败的时候政府都没有帮助我,银行为什么这么特殊?

> 如果银行在决策失误的时候能得到救助,它们会吸取教训吗?不,它们会继续鲁莽行事!

政府通过提供资金来拯救陷入严重财政困境的企业,称为紧急财政援助。

应该帮助人们脱离困境,而非银行!

尽管许多人对紧急财政援助的实施表示愤怒,但并非所有人都反对它。

> 我们的税款不仅拯救了银行,还拯救了那些需要向银行借钱和为退休而储蓄的普通人。

> 我知道这看似很不公平,但我们需要救助这些银行,否则其他银行也会相继破产。紧急财政援助是最快的救助方法!

> 许多企业依靠银行贷款来支付员工工资。如果我们没有迅速采取行动,谁知道会有多少人失去工作。社会可能会因此崩溃!

尽管这场危机的起因并不清楚，但许多人把愤怒的矛头指向了银行和银行家。

这些骗子制造了这场危机，他们说谎、欺骗，现在却可以拿着奖金走人了！

奖金强盗

我们要求正义！

在这次金融危机中，有好几名顶级银行家触犯了法律，最终只有一位美国银行家入狱。很难证明谁是其他罪行的罪魁祸首。

一些银行家把大量援助资金据为己有，而不是用来扭转危机。

改变规则！

分担责任

事实上，并非所有银行家都要为这场危机负责。它的发生主要归咎于一些选择冒巨大风险的顶级商业银行家和投资银行家。他们有资本、有权力、有条件这样做。

为了防止危机再度发生，许多政府制定了新的规则，让银行在做决策时更谨慎。

美国政府也应该为这场危机负责！它制定的规则给了银行太多自由！

历史会重演吗？

英国中央银行网站上有这样一段话："历史表明，提到金融危机，有两件事可以确定——必然会有另一场金融危机发生，但下一场危机不会和上一场一模一样。"这可能是正确的，但没有人确定下一场危机什么时候发生，以及如何发生。

了解银行的运作机制，并监督它们的行为，可以降低2008年那样的金融危机再次爆发的可能性。

第四章
赚钱与借钱

　　你是否曾想买一些自己买不起的东西？这个问题有两种常见的解决办法：赚钱或者借钱。

　　可以用来谋生的工作有很多种，不管工资多少，这些工作都可以给你带来收入。但即使是那些能赚很多钱的人，他们偶尔也不得不借钱。如果没有贷款，很多事情会无法实现，比如买房子和创业。

自力更生

如果你还是个孩子,你可能会收到零用钱。等你长大了,就需要找一份工作来挣钱。

有些工作很常见。
我教科学。

我开公共汽车。

有些工作不常见。
我在一个三明治工厂试吃三明治。

我为猫主人驯养猫,让它们更听话。

对教师、公共汽车司机、三明治品尝师和宠物驯养师来说,他们安排自己的工作生活的方式不止一种,例如——

凯拉是一家宠物驯养公司的员工。

她每月得到一笔约定数额的薪水。

她每年都有一些带薪假期,但每个星期都要工作相同的时间。

只要她为雇主工作,她就一定能拿到钱。

宠物驯养师尼克是位个体经营者,或者说自由职业者。人们(他的客户)付钱给他,让他临时照顾他们的猫。

他每个月的收入不一样,这取决于他做了多少工作。

他必须自己寻找客户,收入没有保障。

他没有带薪休假,但是可以决定自己休息和工作的时间。

他可以注册成立企业,并招聘雇员为他工作。

❯❯ 找工作

大多数人都想找一份能让他们衣食无忧的工作，但这并非人们找工作时唯一的考虑因素。

> 我喜欢旅行，所以我选择当一名空姐。每周都去世界不同的地方，还能得到报酬，这太棒了！

> 我是一名自由职业的网站设计师，接受过程序员培训，有相应的技能。作为一名自由职业者，我可以抽出时间去接孩子放学。

> 我是一名雄心勃勃的政治家，想找一份能够改善国家治理方式的工作。

在开始一份工作之前，雇员和雇主必须就工作内容达成一致。他们通常会签订一份劳动合同，以此表明他们对这一安排感到满意。

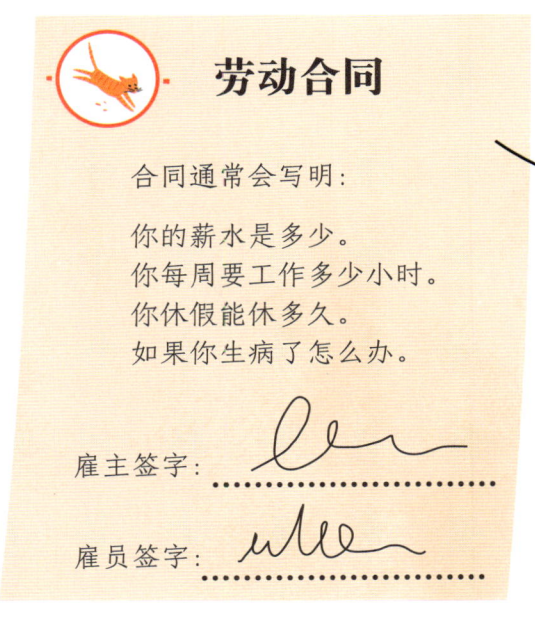

劳动合同

合同通常会写明：

你的薪水是多少。
你每周要工作多少小时。
你休假能休多久。
如果你生病了怎么办。

雇主签字：
雇员签字：

如果你认为合同中的条款不合理，你可以通过谈判协商，为自己争取利益。在第118页你可以学到一些重要的谈判技巧。

高薪，低薪

不管公平与否，有些人的工资就是比其他人的高。例如，顶级足球运动员的工资通常比菜农高得多。这取决于一个人技能的稀缺程度与需要该技能的雇主数量之比，也就是说，该技能的供给与需求在一定程度上影响着他的薪资水平。原理如下：

›› 最低工资

为了保护工人的利益，许多国家的政府规定雇主给雇员支付的工资不能低于一定数额，也就是所谓的最低工资。在食品和衣服等基本生活用品价格低廉的国家，最低工资往往更低。

例如，在以色列，一个面包的价格是……

最低工资是每月1,446美元。

在阿尔巴尼亚，一个面包的价格是……

最低工资是每月212美元。

经济学家和政客们对于最低工资在保护公民权益方面的实际效果往往持不同意见。

一方面……

另一方面……

幸亏有最低工资作为保障！如果老板给我的工资再少一点儿，我就生活在贫困中了。

我的城市实行了最低工资保障制度。许多公司不得不停止雇用新人，因为它们负担不起雇用新人的费用。现在我找不到工作了。

为了吸引更优秀的员工，许多雇主支付的工资会高于最低工资。但有时员工为了获得更高的工资不得不努力争取，以下是他们可能采取的一些方法。

加入工会

工会是工人团体，它们为工人争取权利，会组织罢工活动，要求雇主提高工资、改善工作环境或促进整体公平。

向媒体投诉

如果一位女性员工的工资低于做同样工作的男性，她可以向媒体举报。公开的批评可能让雇主改变他们的做法。

援助之手

每个人资金紧缺的情况不同，适用的借钱方式也有所不同。人们可以通过许多方式从银行或贷款公司借钱。

小额贷款

圣诞节马上到了，我要去买礼物，但要到月底发了工资我才有钱。

如果某人在买得起某物之前提前消费，他可能会使用信用卡。

原理：信用卡公司或银行为你付款，你晚些时候还给它们，通常在60天之内。

如果你不按时还款，银行或信用卡公司会收取利息，那样你所欠的金额就会增加。

亲爱的，去年圣诞节的还款变多了。

爸爸，你必须更加小心了！

我是一名学生。我在一家咖啡厅做兼职赚了点钱，但这个月钱还是不够花……

许多银行允许人们支出的钱超过他们的账户余额，这就是透支。透支的费用人们必须连本带利偿还。

一些银行账户，尤其是学生的银行账户，可以无息透支，但透支额度往往是有上限的。

大额贷款

想象一下,如果两个人偶然发现一个无人使用的巨大空仓库……

"不知道你想的是不是和我想的一样。"

"你是不是觉得这里是开设巧克力工厂的最佳地点?"

但是,他们的银行账户里没有足够的钱用来租仓库、购买巧克力制造机器和支付员工工资。因此,他们必须向银行或贷款公司申请贷款。

"你看穿了我的心思。"

一周后……

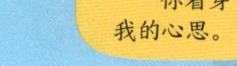

"我们想开一家巧克力工厂,已经制订了一份五年的商业计划,我们需要钱来启动这个计划。"

"太好了!让我看看我们能做什么……"

贷款人通常会审查一下借款人是否有能力偿还本金和利息。

如果贷款人同意放款,借款人和贷款人必须签订一份合同,合同将说明:

借款人借了多少钱。

借款人还款的最后期限。

贷款人要收取多少利息。(更多信息请参阅下一页。)

"如果发生了一些事情,我们确实不能还款怎么办?"

"我们会没收你工厂里的所有机器和剩下的巧克力。"

"呀!"

如果没有钱偿还,人们有时会用自己的个人物品赔偿给贷款人,这叫作抵押支付。

为资金付费

当我们借钱时,通常必须支付利息。利息的数额取决于利率——利息数额与借款数额的比率。下面是说明其运作原理的一个简单例子。

> 我想买这辆二手露营车。

> 这要花费100,000元,所以我们已经申请了贷款。

> 绿树银行向他们提供了100,000元贷款,他们要在一年内分期偿还。

轰轰轰!

> 我们需要盈利,所以我们将会收取5%的利息。

100,000元的5%是5,000元。

100,000 + 5,000 = 105,000

这是露营车购买者需要偿还的总金额。

还清所有贷款(包括利息)之后,借款人才能拥有他所购买物品的所有权,但在此之前他有权使用它。

一年之后……

> 哇,不用再还款了!这辆露营车终于属于我们了。

> 我们去旅行庆祝一下吧!

偿还贷款可能需要几十年时间,部分原因是某些贷款(例如购房贷款)的金额很大,此外,银行也喜欢人们申请长期贷款,定期偿还的长期贷款意味着银行会有稳定的资金流入。

≫ 不断增加的利息

大多数人通常按月偿还贷款，其中每次都要还一点儿利息。如果逾期或忘记还款，有时会欠下比贷款初期更多的钱。这是因为借款人必须偿还尚未偿还的利息形成的新利息。如果每一个月都不偿还，利息就会越来越多。

这很像滚雪球，滚得越远雪球就越大，列如——

> 在月末，艾拉欠了一家信用卡公司5,000元，外加10%的利息。

> 5,000元的10%是500元，所以她一共欠了5,500元。

> 如果她下个月末一点儿钱都不还，就在5,500元的基础上再加10%。

> 5,500元的10%是550元，所以她到下个月末一共欠了6,050元。

> 利息的数额逐月增大。

> 这种计算利息的方法就是复利。

如果滚雪球的时间太长，会产生很严重的后果——借款人最终会欠下巨额债务。

但是复利也可以变成一件好事。大多数储蓄账户都会向储户支付复利。如果你把钱存在一个储蓄账户里，不取出来，你的存款会通过利滚利逐年增加。

德国科学家和思想家阿尔伯特·爱因斯坦这样看待复利……

> 懂得它的人，可以利用它赚钱；不懂它的人，得为它付钱。

信用评级

大多数银行和贷款公司不会随便批准贷款申请，因为有些人可能不会把钱还回来。贷款人会使用一个叫信用评级的评分系统来评估贷款给某人的风险有多大。

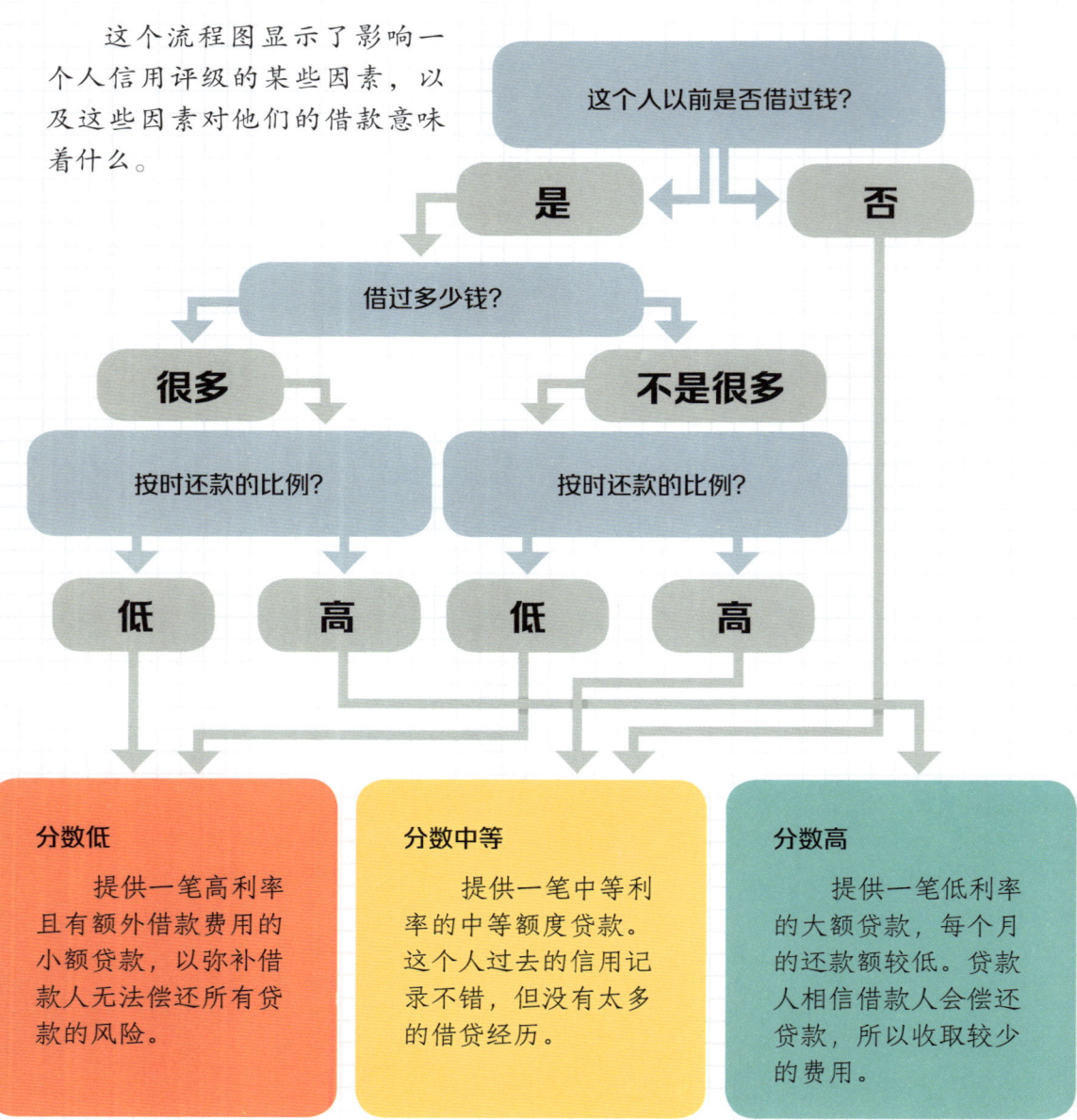

这个流程图显示了影响一个人信用评级的某些因素，以及这些因素对他们的借款意味着什么。

分数低

提供一笔高利率且有额外借款费用的小额贷款，以弥补借款人无法偿还所有贷款的风险。

分数中等

提供一笔中等利率的中等额度贷款。这个人过去的信用记录不错，但没有太多的借贷经历。

分数高

提供一笔低利率的大额贷款，每个月的还款额较低。贷款人相信借款人会偿还贷款，所以收取较少的费用。

一个人的信用评级还可能受到他已有负债的数量以及他按时支付租金或其他账单的频率的影响。

银行支持信用评级，因为这个系统有助于它们确定贷款对象。但有些人反对这个系统，因为它使得富人更容易获得更多的钱，而穷人则更难。

我很有钱，所以我很少需要借钱。但当我去借钱的时候，我可以按时还款，这没什么问题。我借的钱越多，我的信用等级就越高。

我挣得不多，所以我更可能需要借钱……

但是因为我挣得少，延迟还款的可能性更大，所以我得到一个较低的分数，被收取更高的利息和费用。

加上这些额外的利息和费用，借相同数量的钱时，我必须比富人偿还更多的钱，这不公平。

如果借款人的分数太低，银行可能会拒绝贷款给他。得分低的人有时候会求助于非法放贷者，也就是放高利贷的人，他们并不担心借款人的信用评级。但借高利贷不是一个好办法，原因有很多，下面列举了一部分。

非常高的利息

放高利贷的人经常收取高额利息，以至于有些人永远无法还清贷款。

我借的5,000元已经涨到了150,000元，仅仅是因为利息！

压力

如果借款人因为利率太高而无法偿还贷款，放高利贷的人会劝说借款人再贷一笔钱来偿还第一笔贷款，通常第二笔贷款利率更高。

恐吓

众所周知，放高利贷的人会到借款人家里恐吓他们。如果借款人不能还钱，他们甚至可能施以暴力。

管理债务

人们在借钱后，通常都会想办法把钱还清。但是每个人都有可能发生意想不到的事情，有时候债务也会急剧增加，导致失控。然而，即使债务开始让人感到难以管理，依然有办法可以解决。

http://www.tims-money-tips.com/ 星期五 09:37

蒂姆的理财建议

"我有着超过20年的职业经验，在理财方面是个值得信赖的人！"

分更多期偿还

和债权人谈谈，看看你是否能在更长的时间内分期偿还，每期偿还较小的数额。

延期偿还

债权人时刻想要收回他们的钱，但有时他们也会乐意等待。可以请求他们宽限一两个月还款。

债务打包

有些人同时欠了许多人和企业的债务。这可能有点令人晕头转向。处理这些债务的一个办法是先从别处借一大笔钱来偿还，这样更容易管理。

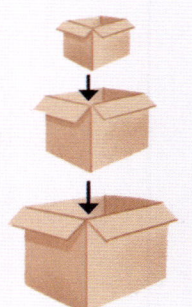

债务减免

如果你无法还清全部债务，有的债权人可能会为你减免部分债务。他们宁愿收回部分的钱也好过一点儿都收不回来。这就是所谓的债务减免。

寻求帮助

在某些地方，当地政府可能会给那些处理不了债务问题的人提供资金。

您的理财路上，有我一路相伴。

≫ 最后的办法

如果一个人债台高筑，又无力偿还，他可能会申请破产。这样他不能偿还的债务就被免除了。这是最后的办法，因为虽然这样做可以减轻一些压力，但人们通常还是必须尽他们所能用抵押品来偿还债务。破产会限制债务人未来的贷款额度，在某些地方，它甚至会限制债务人所能从事的工作种类。

非法收入

不管扒窃还是偷税，金钱往往是一起犯罪活动的核心。下面是不法分子试图窃取钱财的一些例子——有时是成功的。

盗窃

盗窃是指在未经他人允许的情况下拿走他人的东西，有时会使用武力，例如银行抢劫。

诈骗

诈骗是指通过欺骗手段得到别人的钱，或者使用非法占有的钱。例如，挪用公款是指工作人员为了个人利益而使用单位给予他们支配权的资金。

洗钱也是一种诈骗行为。洗钱是指把非法得来的钱款，通过各种手段掩饰其来源和性质，让它看起来像是合法获得的。

网络钓鱼是指通过发送虚假网页链接获取金钱或敏感信息，比如人们的银行账户信息。

2017年，加拿大一所大学的职工收到电子邮件，称其债权人（一家公司）有了新的银行账户。

> 这些电子邮件看起来很真实。

> 这家公司似乎是可信的。

他们向该账户支付了超过800万美元，结果发现这个账户属于一个骗子，而不是一家真正的公司。

> 自从这件事发生以后，我们更加小心了。

银行卡诈骗是指非法获取并使用他人的借记卡或信用卡来取钱，或将他们的银行卡信息出售给他人。

2007年，伦敦两名男子在自动柜员机旁安装隐形摄像头，窃取使用自动柜员机的人的银行卡详细信息，包括他们的密码。他们成功收集到了超过19,000人的详细资料。

> 然后我们在一家工厂伪造信用卡，用它们来提取现金和购买东西。我们总共偷了2,000多万美元。

> 我们差点就能逃脱惩罚了！

网络资金安全

现实生活中发生的诈骗和盗窃在网络中也时有发生。因此，在网络上购物或分享信息的时候一定要谨慎。

下面是商家在网上引诱你花钱的一些方法。

免费试用

许多网站和应用程序会让你免费试用它们的产品或服务。免费试用结束后，商家往往会帮你自动续费。

"虚拟"货币

当你在游戏世界使用"虚拟"货币购买商品时，有时实际上花费的是真实货币。

昂贵的附加功能

某些游戏和应用程序在一定程度上是免费的，但是如果你想达到一个新的级别或者获得某些功能，则需要付费。

像这样诱使你过度消费的做法也许不厚道，但并不违法。然而，通过欺骗手段让你分享个人信息是违法的。比如网络钓鱼，犯罪分子可以通过这种手段冒充你，花你的钱。下面是他们可能采取的一些形式。

冒牌官方网站

黑客可以创建一个和官方网站一样的网站，用来骗取人们的登录信息和信用卡信息。

可疑网站

一个你无法识别的网页地址

索取个人信息

弹出广告

丰厚大奖！
恭喜您，您中了特等奖！
-
请点击下方"确定"领取奖品！
确定

单击此处的"确定"，将导致有害软件的下载。

留言中的链接

短信或电子邮件中的链接可能会引导你访问一个需要输入个人详细信息的网页。

▶安全提示

当然,并非所有链接和弹出窗口都是恶意的,有时我们很难辨别。以下是一些避免被骗的技巧。

如果要求必须在游戏中输入密码,那可能会产生默认消费,所以要先停下来想一想。

设置高强度密码并定期更改。

养成不轻易分享个人信息的习惯。

不要点击陌生人发送的链接或附件。

高强度密码

你可以用一个容易记住的短语的首字母创建密码,比如"Humpty Dumpty sat on a wall"(胖墩儿坐在墙上)可以写成"HdSoAw123"!

如果有人向你提供好得令人难以置信的交易、大奖或机会,那很可能是诈骗。

如果你认为你的个人信息(或家庭信息)已经被窃取或泄露,你应该向别人寻求帮助。

别着急,慢慢来。如果有人催你匆忙做决定或消费,这也许不是一件好事。

你需要更改密码,如果钱已经被从账户中取出,你应该立即联系银行。

第五章
消费、投资和捐赠

　　一旦你有了钱，就可以开始花钱了——万岁！但在你迫不及待把钱花光之前，了解一下如何控制开支真的很有用。人们很容易养成大手大脚花钱的习惯，这会让我们的生活变得很麻烦。

　　不让自己把钱花得一干二净通常是一种明智的做法。如果你善于理财，通过储蓄和投资，你可能会赚到更多的钱。或者，你可以用你的钱来帮助其他人，把它捐赠给你支持的事业。

做预算

不管你有多少钱，将会赚多少钱，计划好如何支配这些钱都是一个好主意。你可以列一份清单，说明你的钱从哪里来，你打算用这些钱来做什么。这就是做预算。下面是一个例子。

有些人每周或每几个月做一次预算。

资金流入（以及资金来源）

工作之余赚钱的方法

资金流出（以及资金流向）

计划支出清单

最终花销清单

每月财务状况

收入：

工资	$3,600.00
网上卖衣服	$120.00
合计	$3,720.00

支出：

	计划开销	实际开销
税款	$900.00	$900.00
租金+账单	$1,020.00	$1,020.00
交通	$260.00	$250.00
食品	$200.00	$300.00
休闲	$940.00	$830.00
储蓄	$400.00	$400.00
合计	$3,720.00	$3,700.00

按照这份个人财务预算执行，收入会大于支出。如果开支超过预算，则意味着支出会大于收入。

做好支出记录非常重要。它能帮你弄清楚你是否可以执行你的预算。

我是保守派。我每周都会收集收据，并把它们记录下来。

我的银行账户和银行卡关联了一个自动记录付款信息的应用程序。

≫ 理性消费

大多数人都没有足够的钱想要什么就买什么。为了执行预算,通常必须限制花销。下面是一些关于如何理性消费以及减少花销的建议。

每日省钱计划

2019年5月27日
95美分

储蓄罐女士的消费秘诀

反季节购买

外套和围巾夏天购买更便宜,在你需要它们之前先买好。

但也许你着急要用。

货比三家

购物时,多逛几家商店和网店,看看哪家店卖得更便宜。

带着清单购物

人们购买的很多东西都在计划之外,这并不总是坏事。但如果这种情况经常发生,你的支出可能会飙升。请提前计划好你要购买的东西,避免冲动购物。

如果它不在清单上,就不应该出现在购物车里。

折扣券

在网上购物时,有些网站会提供折扣券。购买前一定要搜索折扣券。

步行

如果不用坐公共汽车就能安全快速地到达某个地方,为什么不节省一笔公共汽车费呢?

超支

即使人们精打细算，实际开销也还是很容易超过计划开销。

有时人们超支是因为他们不得不这样做。

啊，我的车坏了，花了一大笔修理费。

上个月我妹妹遭遇入室盗窃，损失了上千美元的财物。

有时人们花钱大手大脚往往是因为企业鼓励他们这样做。以下是企业的一些做法。

特价优惠刺激人们购物。

一些企业在网上发布高度赞扬其产品的虚假评论。

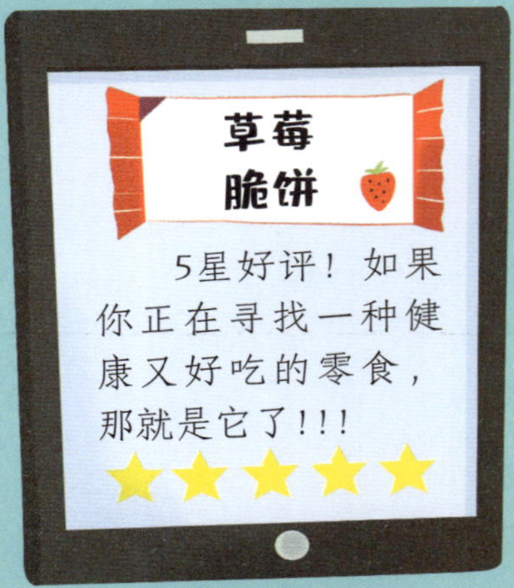

企业到处投放广告，吸引顾客购买它们的产品。

还有一些企业为了获得正面的评价会给顾客提供折扣。

≫ 意外产生的费用

很多情况下，人们产生大额资金支出是因为发生了一些意想不到的事情。幸运的是，有时人们可以购买保险，让保险公司来承担修理和更换的费用。

杰克买了一套新房子，为了防止意外事故带来损失，他必须提前做好防备。

可能会有火灾或洪水。

万一发生火灾或洪水，保险公司会支付修缮费用。

不可思议！

这笔费用通常高于某一特定价格。

是的。

作为交换，杰克每个月要付给保险公司90美元。

哦，好的。

只有当杰克对火灾或洪水的发生没有责任时，保险公司才会赔偿。

明白了，我会小心的。

杰克家里的一根水管爆裂，导致厨房被水淹了，修理费需要10,000美元。杰克向保险公司证明这不是他的责任，保险公司承担了这笔费用。

人们可以通过购买保险来支付几乎所有意外产生的费用。

| 误机  | 宠物生病  | 绊倒  |

保险公司有能力支付这些费用，因为所有客户每月向保险公司支付的保险费超过出现问题时保险公司赔偿的保险费。但为了避免承担费用，大多数保险公司会极力证明事故发生是客户的责任。

对不起，先生，我们不会赔偿这次住宅失窃的损失。您在社交媒体上说您在度假，窃贼可能看到了您的帖子，知道了您不在家。

在银行投资

钱不仅仅是用来消费的,你也可以用它来赚更多的钱。一种钱生钱的方法是将钱存入一个银行账户赚取利息。这种方法很便利,既可以多赚一点儿钱,还可以为未来存钱。

收到的利息与账户上存款金额的比率就是所谓的利率。不同类型的账户利率不同。在有些国家,人们的银行账户主要有储蓄账户和活期存款账户两种。如果不动用里面的存款,不同账户里的钱会增长到不同的金额。

活期存款账户的利率往往比储蓄账户的利率低。为什么呢?

活期存款账户旨在方便日常支出。

我可以用借记卡马上把钱取出来。

我可以在网上付款购物。

我可以随时取出我的钱。

大多数人每周会使用他们的活期存款账户好几次,所以账户中的金额经常变动。

储蓄账户旨在帮助人们获取收益。

我要把钱从储蓄账户转入活期存款账户才能取钱,或者直接去银行取钱。

而且我每个月的可转账次数是有限的。

用储蓄账户中的钱购买东西比较困难,所以储蓄账户中的金额很少变动。

银行需要可靠且稳定的资金来源,这样它们才能知道自己有多少钱可以用于发放贷款或投资。

储蓄账户的金额变化小于活期存款账户,因此银行会通过提供高利率来鼓励人们开立储蓄账户。

谁不想看到自己的钱增长得更快呢?

投资赚钱

另一种钱生钱的方法是花钱购买某种东西，期望以后能从中获利。人们所购买或拥有的可以出售的东西称为资产。下面是三种可供莉娜投资的资产。

珍贵的东西

有些昂贵的东西随着时间的推移可能会变得更加昂贵，比如房屋、艺术品或其他珍贵的物品。但谁也不能保证它们一定会增值。

如果资产的价值在增长，将来出售时莉娜就可以获利。

债券

债券是人们从企业或政府购买的债务。（见第32页。）

企业或政府承诺在约定的日期（通常是几年以后）偿还本金并支付利息。

股票

股份代表对所投资的公司的部分拥有权。（见第33页。）

如果一家公司运营良好，它的股票价格会上升。

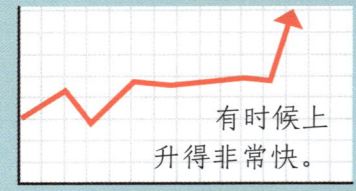

有时候上升得非常快。

莉娜通过股票赚钱的方式有两种。

1. 在公司运营良好时，以高于购买时的价格出售她的股票。

2. 从公司的利润中获得定期的报偿，即股息。

但我也可能亏钱。如果股票价格下降太多，我就无法以高于购买时的价格将股票卖出去。

▸▸财务自由

有些人有足够的钱去投资,他们可以从中获取一大笔固定收入,甚至在缴纳税款之后收入依然很高。20年来,莉娜一直在投资和储蓄,现在她想停止工作。她有……

500,000美元投资在股票上,每年可赚取19,000美元。

1,000,000美元存在一个储蓄账户中,每年可赚取40,000美元的利息。

两套公寓出租给别人,每年可赚取20,000美元租金。

每年收入79,000美元,简直是女王般的生活。

大多数人永远无法赚到足够的钱来做所有这些投资,但那些只有一点点财富的人也能在多年以后逐渐增加投资。投入大量时间,付出很多努力,再加上一点儿运气,他们就可以从投资中赚到足够的钱,不用再工作,就像莉娜这样。

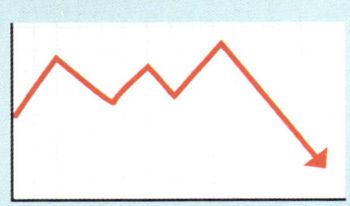

注意事项

投资有风险,没有人能保证自己一直赚钱。

例如,你持有股票的公司可能会倒闭,停止分配股息;你的储蓄账户的利息可能会下降。

随着时间的推移,价格会由于通货膨胀而上涨。(更多信息请参阅第98页。)

随着价格上涨,同样数额的钱可以买到的东西会变少。10年后,79,000美元的价值可能会比现在低得多。

在我那个年代,1美元可以买到一张职业棒球赛的门票,现在连一个热狗都买不到了!

买卖股票

大多数债券和股票都是由证券经纪人在证券交易所来进行交易。企业和投资者告知证券经纪人他们想卖出多少股票或债券，另外一些投资者在购买前会与证券经纪人协商价格。

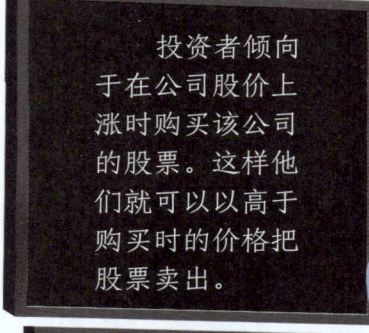

投资者倾向于在公司股价上涨时购买该公司的股票。这样他们就可以以高于购买时的价格把股票卖出。

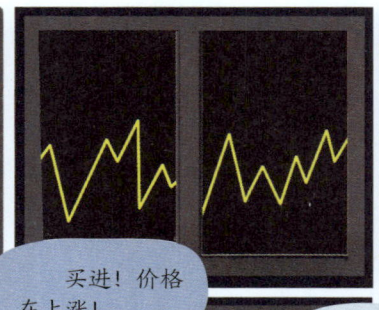

股价快速上涨时，为了快速获利，投资者往往会卖出股票；股价上涨放缓时，意味着股价不会再上涨太多，投资者往往也会卖出股票。

证券交易所到处都安装有显示着最新股价信息的屏幕。投资者也可以通过网络、报纸或与证券经纪人交谈了解股价信息。

股票投资风险

股票的价格经常大起大落，所以投资股票有风险。莉娜持有阳光果汁公司的股票，她密切关注着股价。当有疑问时，她会咨询她的证券经纪人。

在线聊天

 嗨，阳光果汁公司的股价暴跌。我需要在股价进一步下跌之前卖掉我的股票吗？

 再等几天，价格可能会回涨。

 好的。如果价格继续下跌怎么办？

 把股票卖出，这样您就不会亏钱，然后买入兰博大米公司的股票，这个公司的股价正在上涨。

莉娜将风险最小化的另一种方法是把她的投资分散到许多公司。

让我们尝试投资5股奥斯瓦德绿色能源公司的股票……

8股蒂姆乳制品公司的股票……

4股匿态铁公司的股票……

以及6股EFR计算机公司的股票。

这样一来，如果一家公司的股价下跌，其他公司股价上涨或保持不变，她的损失就不会太大。这叫作投资分散化。莉娜可以自己进行分散化投资，也可以寄希望于共同基金，这种基金组织可以帮助人们进行分散化投资，不过它们会抽取部分收益作为佣金。

股票对社会的影响

有些人认为某些投资会造成危害，而其他人不这样认为。

人们不应该投资石油公司。燃烧石油产生的烟气会破坏环境，危害健康。

但每个人都需要用石油来驱动汽车，获取能量。石油公司从投资者那里获取资金，开采出足够的石油，才能维持较低的油价。如果油价飞涨，老百姓的利益就会受损。

总有一天石油会用完，到那时老百姓的利益还是会受损。我们需要投资绿色能源公司，这样就有能源可以替代石油了。

还有一个办法——购买石油公司更多的股票，然后你就可以影响它们。股东有权劝说石油公司开发绿色能源。

为公益事业筹集资金

你不一定要很富有才能为公益事业捐钱。人们经常通过组织付费才能参加的活动来为慈善机构筹款。这就是所谓的募捐。

募捐是一项辛苦的工作，你可以向家人或老师寻求帮助，然后用下面的问题和提示来计划你的活动。

我的活动主题是什么？

- 知识竞赛之夜？
- 篮球锦标赛？
- 跑步或骑行赞助？
- 旧货市场？

我需要得到别人的许可吗？

- 举办慈善演出需要学校的许可。
- 在大街上募捐（大人陪伴下）需要得到当地相关管理部门许可。

提示和技巧

有很多募捐技巧可以让人们更乐意捐款，这里有一些例子，你可以用它们来为流浪狗慈善机构筹集资金。

有明确的目标。

让我们为当地的流浪狗慈善机构筹集500美元吧！

给予激励。

如果您捐8美元，我就帮您遛一个星期的狗。

 在当地报纸上刊登广告？

我该如何宣传我的活动？

 制作海报？

在学校大会上发布公告？

在社交媒体上开展活动？

建立众筹网站（见第43页）？

付费租一个房间（供知识竞赛使用）？ 待租房间

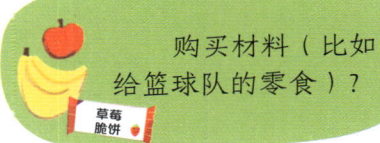 购买材料（比如给篮球队的零食）？

会有哪些花费？确保你筹集的资金比花费的多。

邀请函和感谢信？

活动的宣传材料？

富有情感的故事往往比事实和数字更有说服力。

有多种捐赠和分享信息的方式。

孤独的哼哼（流浪狗）就这样找到了一个充满爱的家…… ✓

每年有100,000只流浪狗被送到收容所。 ✗

如果您不能来参加活动，但想要捐赠并向您的朋友宣传，请访问慈善网站，点击"捐赠"，并把链接发送给每一个你认识的人！

选择一项公益事业

保护动物和为世界上干旱地区的人们提供淡水,哪个更重要?有那么多慈善机构需要捐款,你如何在它们之间做出选择?

"这家慈善机构比另一家慈善机构更好吗?"这个问题没有标准答案。人们之所以向某一个慈善机构捐款有很多不同的原因,包括它与捐赠者的关系,以及捐赠者的捐款将来会发挥的效用。

慈善事业

对于非常富有的人来说,一次性捐出大笔钱往往不是做慈善的最佳方式。如果用这笔钱建立慈善基金会,基金会可以定期为慈善事业提供大笔捐款。

慈善基金会的资金主要来源于富人的投资收益。

投资的收益定期为基金会提供一大笔资金。这样基金会(以及基金会资助的所有机构)有了稳定的收入,可以长期从事自己的工作。

捐赠总是好事吗？

慈善机构和基金会在改善全世界人民的生活方面发挥着至关重要的作用，但并非所有人都认可各种慈善和捐赠，原因如下：

有些慈善机构和基金会致力于解决问题的根源，有些主要是消除问题的影响，人们有时更愿意支持前者。

捐款帮助我们清理海洋中的塑料垃圾吧！

你不是应该先阻止人们把塑料垃圾扔到海洋里吗？

有些人认为，应该只向世界上最贫穷和最弱势的人捐款。

有钱的大学不需要更多的捐款了。

哦，不！我们要用这些钱来研究一些解决重大问题的方案，这些方案将惠及所有人，比如预防致命疾病的疫苗。

基金会的资金可能来源于那些剥削员工的公司的投资收益。

一些人认为，这些公司应该把慈善资金用于促进公司更合理地经营，而不是把钱捐给其他慈善事业。

我投资的时装公司支付给我巨额股息，我可以用这笔钱来寻找治疗癌症的方法。

那我们这些做衣服的人呢？我们劳累过度却报酬很低！

捐款并非"总是好的"或"总是坏的"那么简单。有不同的捐赠方式，也有不同的捐赠组织。捐款之前研究一下每一个可选方案，再决定哪一个方案更加合理，这不失为一个好办法。

第六章
政府和货币

货币不仅仅在银行、企业和个人之间流动,还为政府所使用。政府每年会有大量税收,即使没有数万亿美元,也常常有数十亿美元。政府会把这些钱用于公共服务,比如教育、交通和治安。

各国政府的主要工作之一就是管理纳税人的钱。政府很小的决定也会产生巨大的影响——它们关闭一个图书馆或建造一个运动场,税收支出总额不会有太大的变化,但这会对人们的日常生活产生巨大的影响。

税收的运行机制

几乎每个国家和地区的每个人都要纳税。大多数政府都希望以一种公平的方式征税，但是人们对公平的理解往往不尽相同。

税种

纵观历史，各国政府曾对很多物品征过税。例如，大约300年前，俄罗斯的男人如果留胡子就必须纳税。如今，不同国家的人们所缴纳的税种没有太大差别。下面是一些主要的税种，但提到的所有税种并非各地通用。

对人们的收入征收的税是个人所得税。

一月份收入：$5,000
支付税款：$1,000

对企业所得征收的税是企业所得税。

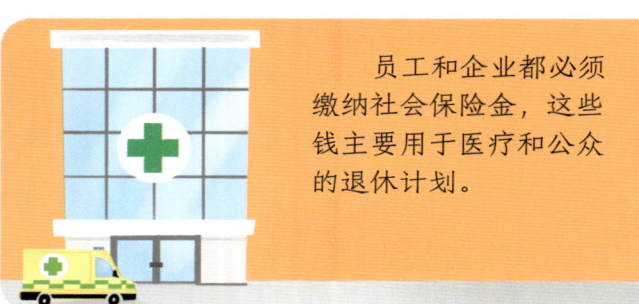

员工和企业都必须缴纳社会保险金，这些钱主要用于医疗和公众的退休计划。

对人们去世后遗留的财产所征的税是遗产税。

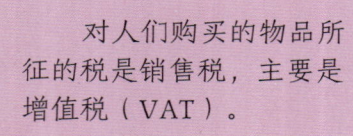 

对人们购买的物品所征的税是销售税，主要是增值税（VAT）。

对纳税人拥有的全部净资产征收的税是财富税。

对进出口商品征收的税是关税。

促进税收公平

税收通常是按某物（比如你的收入）总价值的百分比来计算的。这个百分比被称为税率，它的制定是为了使税收体系更加公平。

政府制定的税率通常会随着人们收入的增加而提高，这被称为累进税。

累进税的目的是把从富人那里收取的钱花在主要帮助穷人的事情上，从而使社会更加公平。

对不同的人征收不同数额的税似乎不公平，但想象一下，如果每个人每年都缴纳10,000美元的税，结果会怎样……

嗯，对我来说这是一个相当高的税率。我一年只挣20,000美元，10,000美元是我工资的50%。

对我来说好多了。我一年挣200,000美元，10,000美元只占我工资的5%。

如果政府向每个人征收相同数额的税，税率会随着人们收入的增加而下降，这就是累退税。

税收与选择

政府经常利用税收来改变人们消费的方式。

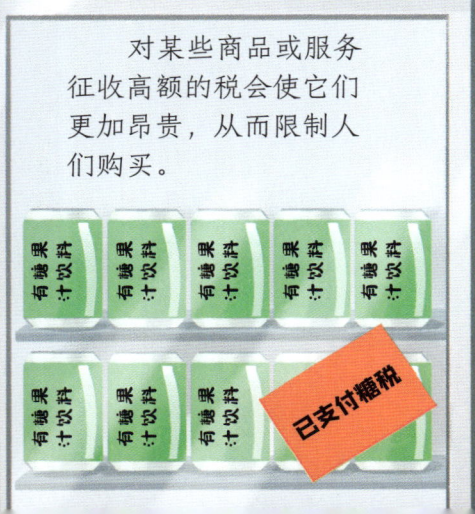

对某些商品或服务征收高额的税会使它们更加昂贵，从而限制人们购买。

对商品或服务征收较低的税将使其更便宜，从而鼓励更多的人使用它们。这就是所谓的赋税优惠。

关税限制人们购买外国商品，鼓励人们进行国内贸易。

公共资金的支出

许多人认为公共事业和服务理所当然由政府用税收来付费。能负担多少开支以及应该提供什么服务由每一个政府来决定。如果政府不这样做，我们就必须自己来解决这些问题。

下面是政府可能用税收来付费的一些项目。

▶▶ 政府如何获得更多资金

如果政府的税收大于其支出，就会产生财政盈余。然而，几乎所有政府花出去的钱都比它们的收入要多，这种情况下就会造成财政赤字。产生财政赤字时，大多数政府会在下面两个方案之间做出选择，但这两个方案都存在风险。

举债

政府可以向银行和其他放贷机构借款。政府所欠的债务称为国债。

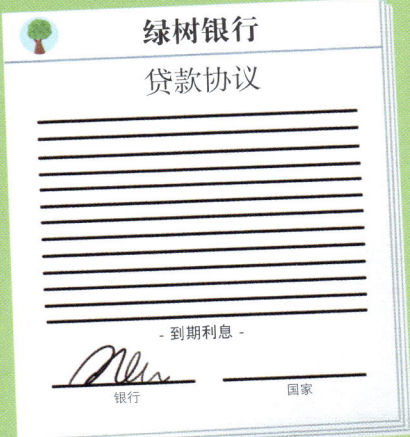

大多数政府都有可靠的收入来源，即税收，所以银行乐意借款给政府。向银行借款是政府快速筹集资金的一个有效途径，借贷双方都很高兴。

但从长远来看，政府这种做法不明智。银行会对它们借出去的钱收取利息，利息可能非常高。例如，在2018年，美国政府花费了约3,900亿美元税款来偿还所欠的利息。

增印货币

如果政府没有钱了，可以直接增印货币用于财政支出。这似乎是一个简单的解决方案，但也是一个危险的方案，因为政府需要通过控制货币供给（见第18页）来维持其通货的价值。

这并没有阻止许多国家的政府发行更多货币。有些政府这样做是因为这比提高税收容易。其他政府这样做则是由于另一个更复杂的原因——更多信息请参阅第101页。

暂时的财政赤字并不一定是一件坏事。从公路、学校到医院和应急服务机构，每个人都依赖政府提供的这些服务。如果一国政府因为资金耗尽而停止支出，这对个人和企业都将造成极大的损害。

关于税收的讨论

在税收问题上，人们的意见经常出现分歧。一些人认为政府应该增加税收，同时增加公共开支。有些人则希望政府减少税收，减少财政支出。以下是他们给出的一些理由。

许多人对税率的高低反应强烈。在人们可以投票的国家，税率的高低往往是人们支持某个政党而不是另一个政党的主要原因之一。

▶ 福利

政府为社会成员提供的帮助称为福利。几乎各国政府都赞成把一些钱用于福利，但很难决定应该支出多少钱，或者谁应该得到这些钱。

> 我很担心我会因为生病而不得不辞掉工作，那样我还怎么赚钱生活呢？

> 别担心！我们的政府会向那些因病不能工作或者由于其他原因找不到工作的人提供资助。

> 等等，还有什么其他原因？如果政府会给那些无所事事的人提供资助，我为什么还要努力工作呢？

> 谁说有人无所事事？人们不能工作的原因有很多，也许他们必须照顾自己的家人，或者他们年纪大了无法工作。

> 也许吧。但你怎么知道他们说的是实话？如果撒谎就能得到钱，干吗还要那么麻烦去工作呢？

> 工作能赚到更多的钱，而且政府也不会让他们轻易蒙混过关。政府会核实情况，确保社会成员不会欺骗政府，否则要进监狱。

> 所以政府必须花钱请人来做核查工作，从而确保没有人舞弊？这样纳税人的钱会浪费得更多。

> 也许吧……那政府给每个人提供一笔固定的资金来支付他们的食品和住房费用怎么样？*

*加拿大和芬兰的一些地方政府已经开始尝试实施一项名为"基本收入"的计划。在这项计划中，政府只向富人征税。同时，政府还向每个人发放足以支付基本生活费用的工资，无论他们实际挣多少钱。基本收入计划是一种旨在使福利更公平的尝试——每个人都得到相同的收入，但只有那些负担得起的人才纳税。到目前为止，还没有证据表明这项计划是否能在更大范围内实施。

持续监控

大多数政府都会控制它们的税收收入和财政支出，但它们不会控制人们如何支配自己的钱。人们消费的方式影响着一个国家的收入的多少，以及这些钱的最终流向，即一个国家的经济。每一个政府都会持续监控本国的经济形势，以保持经济的稳定。

国内生产总值（GDP）是衡量一国经济状况的一个指标，指在公平交易的前提下，该国所有商品和服务的销售总额。

商品和服务的种类有很多，它们都被计入GDP。

GDP可能具有误导性。如果一个国家人口众多，他们就会生产很多商品和服务。这意味着一个大国的GDP往往会高于一个小国，哪怕这个小国的人均收入更高。

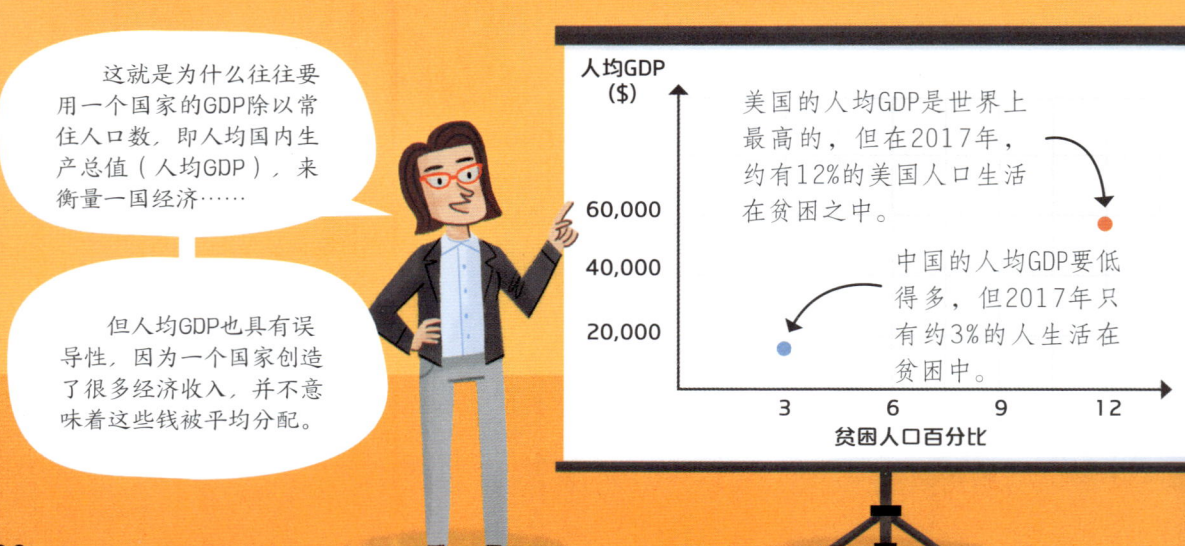

这就是为什么往往要用一个国家的GDP除以常住人口数，即人均国内生产总值（人均GDP），来衡量一国经济……

但人均GDP也具有误导性，因为一个国家创造了很多经济收入，并不意味着这些钱被平均分配。

美国的人均GDP是世界上最高的，但在2017年，约有12%的美国人口生活在贫困之中。

中国的人均GDP要低得多，但2017年只有约3%的人生活在贫困中。

▶▶ 物价与工资监控

为了更好地了解经济运行状况，政府会监控人们需要购买的物品的价格以及人们的收入。

政府不可能监控所有商品的价格，它们关注的是大多数人会购买的一篮子商品的价格。随着时间的推移，这些商品的价格几乎总是上涨。当这种情况发生时，叫作通货膨胀。

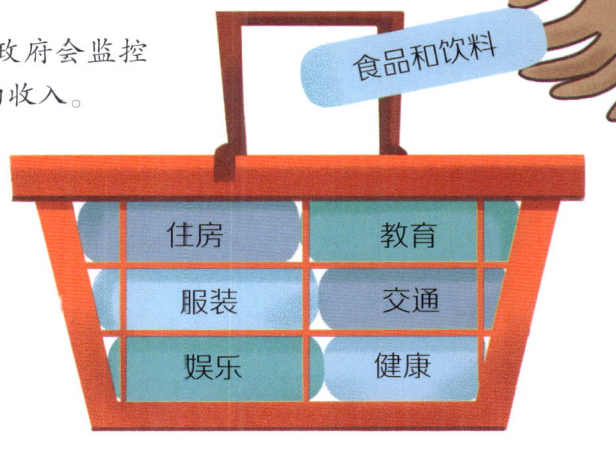

政府会监控就业人数和失业人数，也会监控人们的工资：如果工资上涨的速度没有物价上涨那么快，人们最终会变得更加贫穷。

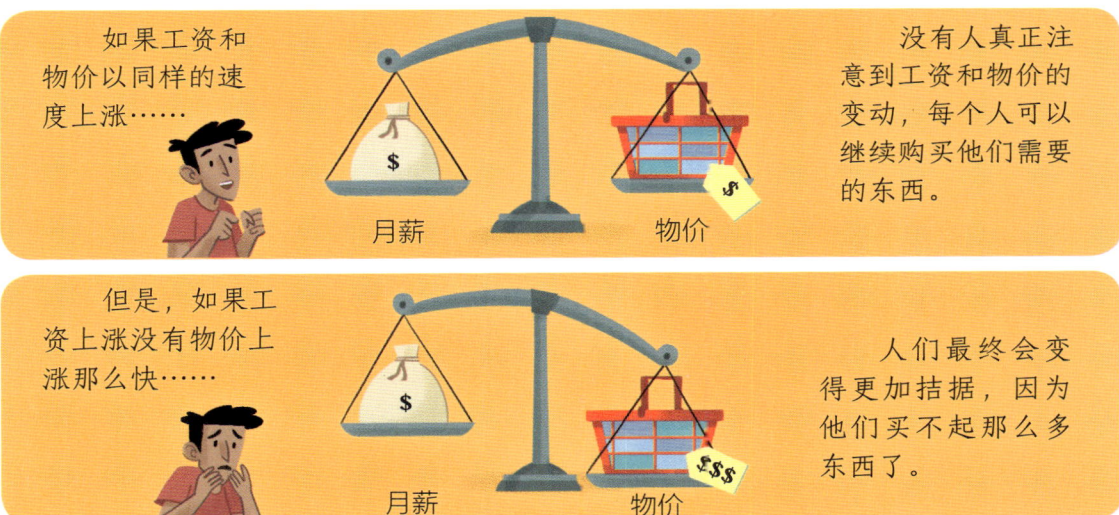

经济管理不是一门精密科学，经济学家们经常争论什么是管理经济最有效的方法，大多数人认同这三种观点：

花钱是件好事！人们消费得越多，企业赚得越多，越有能力提高工资。

就业是件好事！有工作的人可以挣钱来消费和纳税，他们通常更加幸福。

通货膨胀通常是件好事，但不能太高，也能太快。

通货膨胀的重要性

物价涨跌的原因可能有很多。如果只有一家商店物价上涨，那未必是因为通货膨胀，而且可能不会影响很多人。通货膨胀是指大多数商店物价同时上涨。通货膨胀会影响到每个人，尤其是当它失控的时候。

通货膨胀太快，工资会跟不上物价的上涨，货币会贬值。

我每周为家人购买食品的预算是180美元。

现在物价飞涨，180美元可以买到的东西少多了。

很多东西人们买不起了，他们被迫做出不同的决定。

上周我花40美元可以加满油箱，现在40美元只能加半箱。也许我必须开始坐公共汽车了，因为它比较便宜。

虽然严重的通货膨胀会造成一些问题，但政府仍然致力于保持适度的通货膨胀。其中一个原因是：如果通货紧缩，物价会下跌。这听起来很吸引人，但情况可能会非常糟糕。

为什么要现在购买呢？等会儿再买它会更便宜，这样你就可以省钱了。

通货紧缩鼓励人们减少消费。最终企业会亏损，人们会失业，这反过来会造成每个人的支出更少。

政府和中央银行

各国政府需要协助调控本国经济。大多数国家的政府都与本国的金融中心机构中央银行进行合作,从而有助于商业银行的运行,并影响人们的消费支出。

从许多方面来看,中央银行扮演着商业银行的银行这一角色。

所有商业银行都在中央银行设有一个账户,这个账户里的钱称为准备金。中央银行会向商业银行发放贷款,以基准利率向商业银行收取利息。

商业银行依赖于中央银行的贷款,这些贷款能保护商业银行免受许多风险的影响,比如,它们的投资失败了或它们的客户借钱不还。

中央银行不承担太多的风险,所以,如果商业银行遇到麻烦,它总是能够把钱借给商业银行。通过提供这种安全网,中央银行促使整个银行系统为人们所信任。

商业银行参考基准利率来决定对贷款的客户收取多少利息。我们调整基准利率会带来很大影响。

这也会影响到其他人。如果借钱的成本很高,人们就会减少支出。如果借钱的成本很低,人们会增加支出。更多信息请参阅下一页。

一个国家的中央银行通常独立于政府,但它们彼此会分享各自的计划,并进行合作。它们的主要任务之一是控制通货膨胀,把通货膨胀率维持在一个稳定的水平。请翻到下一页,看看它们是怎么做到的。

控制通货膨胀

控制通货膨胀是困难的,因为在大多数国家,企业可以自由定价。然而,政府和中央银行可以通过几种方式发挥作用。

如果通货膨胀率过高……

中央银行可以提高基准利率,即向商业银行收取贷款利息的利率。

现在商业银行向中央银行借款的成本变高了。

商业银行有可能提高自己的利率,以弥补这些额外的成本。

人们向商业银行借款的成本也变高了。

如果您申请一笔贷款,最后需要付很多利息。为什么不省下这笔钱呢?

这会鼓励人们去储蓄而不是消费……

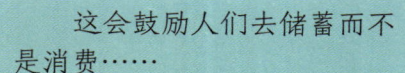

我这次可能不买了……

这对企业不利。

没有人买东西。也许我们应该降低价格?

因此,企业的反应是维持价格不变,甚至降低价格。

通货膨胀率下降。

如果通货膨胀率过低……

中央银行可以降低基准利率。

商业银行会通过降低利率来吸引客户借贷。

个人和企业有更多的钱可用于消费。

企业通过提高价格来增加利润。

通货膨胀率上升。

有时通货膨胀率太低，即使调整基准利率也无济于事。

通货膨胀率处于历史最低点。我们能做些什么呢？降低基准利率？

我们不能再降低基准利率了，它几乎等于零了……

当这种情况发生时，政府和中央银行可以通过增印货币来加以干预，这一过程被称为量化宽松。

量化宽松不仅仅是投放货币，其含义更多的是指……

首先，政府向商业银行借款。

然后，中央银行增印货币偿还给商业银行。

基准利率太低，如果商业银行一直自己留着这些货币，它们不会获得任何利息收入。

它们用这笔钱来投资和放贷。

人们有更多的钱可用于消费。

企业提高商品价格。

通货膨胀率上升。

101

经济调控

调控经济的方法不止一种。有些人希望政府拥有更多的控制权，这样政府就可以决定每个人的钱怎样支配。有些人则希望政府不要干预经济，完全放手。

完全控制

如果政府已经完全控制了本国经济，我们可能根本不需要货币。

1. 政府告诉人们要生产什么商品，提供什么服务。

2. 人们把他们生产的所有东西交给政府。

4. 作为交换，人们为政府生产更多商品，提供更多服务。这个过程不需要货币，因为没有东西可以买卖。

3. 政府把这些商品和服务分配给人们。

这听起来不错！为什么不是每个国家都这样做呢？

俄罗斯等一些国家已经尝试过类似的方法，但是没有成功。

由政府来完全控制数百万人的生产和行为几乎是不可能的。

但是在小群体中合作和共享是非常高效的。事实上，这就像我们的家庭一样！

政府控制的程度

实际上,没有哪国政府已经废除货币政策,或者完全控制了本国的商业和贸易,但同样没有一国政府会对经济发展放任不管。政府可以对本国经济进行不同程度的控制。你认为什么程度最好?

更多控制

政府可以尝试强迫个人和企业去做政府想做的事情。
- 利用公共资金购买并控制企业。
- 迫使企业冻结定价。
- 通过制定法律来限制企业可以销售的产品以及人们可以购买的产品。

政府可以让个人和企业自己做出选择,但政府可以做一些事情来影响这些选择。
- 征收税款和关税(见第91页)。
- 为个人和企业提供税收优惠(见第91页)。
- 利用利率和量化宽松政策来影响物价(见第100—101页)。

政府可以完全置身事外,尽可能少做事情。
- 取消中央银行的权力,让物价自行涨跌。
- 降低税收,并取消税收优惠,给个人和企业更多自由。
- 停止向那些负担不起生活必需品支出的人提供福利(见第95页)。
- 给予企业比政府更大的权力。

更少控制

第七章
重要问题

根据无数故事、歌曲，甚至俗语，我们知道，金钱既是巨大痛苦的来源，也是寻找幸福的途径。但这是因为金钱本身吗？还是这一切都和人们贫穷或富有时对金钱的态度有关？

没有人知道这个问题的答案，但是在这一章中，你可以了解到人们解决与金钱、幸福和平等有关的问题的一些方法。首先，试着想象一个人们完全不使用金钱的世界……

我们还需要现金吗?

越来越多的人不再使用现金购物,他们更喜欢用手机或银行卡支付。照这样下去,预计瑞典等一些国家将在未来10年内实现无现金化。那么我们到底还需要现金吗?

使用电子货币支付……

✓ 通常更快捷,因为双方不需要计算找零。

✓ 更便宜:纸币的印制和发行成本很高。

✗ 账户更容易受到黑客攻击。

✗ 需要电力、昂贵的设备和互联网才能运作。

现金支付……

✓ 操作简单,不需要用到银行账户、手机或互联网。

✓ 不需要使用电力或网络连接,遇到洪水等灾害也能正常运作。

✗ 携带现金容易遭到抢劫。

✗ 具有隐秘性,不会留下数字记录,透露你做过什么。同样,警方很难追踪使用现金的犯罪分子。

现金的主要优点是每个人都能持有,哪怕他们没有地址、银行账户或手机。如果没有现金,世界上大约17亿人将无法使用货币。

我们真的需要钱吗?

有钱人可以继承遗产,不必为了获得金钱而工作,有些人认为是金钱造成了世界的不公平。但除了钱,还有其他更不容易存储的物品。它们能完全取代货币吗?

现在想象一下,人们可以用时间来支付所有的费用……

这里没有人真正在用时间付费,他们只是在交易时间单位,这与人们用货币支付的方式大致相同。也许我们需要解决的问题不是停止使用货币,而是我们如何使用它,也或许我们只是没有找到合适的替代品。

加密货币

加密货币是一种使用密码学原理来创造、交换和保证安全的数字货币。第一种加密货币比特币诞生于2009年。在此之后，又有更多的加密货币问世。

2011年2月，一枚虚拟的比特币（或1B）价值1美元。到2017年12月，1B价值已经达到19,783美元。

以下是比特币暴涨的两个主要原因。

无人监管

大多数货币由政府和银行来发行和监管。加密货币仅由使用它们的人来创造和交换，这个过程没有其他人参与。

并非所有人都信任银行或政府，尤其是2008年金融危机以来。许多人对这种能避开银行和政府监管的货币感到十分兴奋。

信息高度透明

一个被称为区块链的数据库公开记录了每一枚创造出来的比特币，以及每一笔比特币交易。区块链上的每个区块都有一个无法更改的编码"指纹"。

这使得比特币很难被窃取或伪造。如果区块链上没有交易记录，你就可以知道它是假的。

比特币的保护系统非常安全。黑客已经找到了窃取比特币的方法，但实施起来非常困难，而且窃取方法往往比比特币本身的价值更加昂贵。

›› 大起大落

12个月后，比特币的价值由19,783美元暴跌至3,183美元。比特币的价格经常上下波动，而且波动剧烈。除了价值不稳定之外，它还有其他的缺点。

很难获取和消费

获取比特币的方法有两种。你可以从拥有比特币的人那里购买，这可能很贵。你也可以通过破译代码来挖掘比特币……

要把比特币交易记录到区块链上，必须先破译出代码。这就是所谓的比特币挖矿。

这些代码十分复杂，以至于代码破译者，或者说矿工们，必须使用昂贵的超强计算机硬件。

最先破译代码的矿工将得到新生成的比特币作为奖励。这些比特币会被记录在区块链上。

即使你成功得到了一些比特币，也无法随处使用。没有多少人或企业会接受比特币作为支付方式，你也不能到银行把比特币兑换成其他货币。

比特币挖矿对环境不友好

据报道，全球比特币挖矿在2017年11月消耗的电量超过了爱尔兰整个国家同期消耗的电量。

这些电力是通过燃烧矿物燃料产生的，而燃烧矿物燃料会造成污染。

一些人认为，加密货币本身没有问题，问题在于能源的使用。如果有更清洁的能源，矿工们就不会制造那么多污染。

金钱能买到幸福吗?

心理学家和经济学家曾共同努力,试图弄清楚金钱和幸福之间是否有联系。一种理论认为,这取决于幸福的类型。你可以把不同类型的幸福想象成不同的山峰。

日常的快乐

通过记录人们每天的情绪来衡量。

生活满意度

通过询问人们在生活中感受到的幸福程度来衡量。

> 一旦你的收入能够满足你的基本需求,更多的钱就不会让你更快乐了。

> 挣的钱越多,人们越有可能感到满意。

> 健康和友谊对日常幸福的影响比金钱更大。

> 比起健康和友谊,金钱和教育对生活满意度的影响似乎更大。

> 贫穷使离婚、疾病和孤独等挑战在实际上和情感上都更难应付。

> 唉,不管怎样,金钱都不一定能够带来幸福——有些人一无所有,却非常幸福,而有些人非常富有,却苦不堪言。

> 我不知道我是怎么想的。这是否意味着我需要努力赚很多钱?

> 让我们尽情欣赏这里的风景吧!

这是对1,000名美国人进行调查得到的结果。你怎么看?

》发达国家更幸福吗？

富裕往往使人更幸福，但是仅仅生活在一个大多数人都很富有的国家就足够了吗？这张图用世界银行收集的数据对比展示了一个国家的富裕程度与其人口的满意度之间的关系。

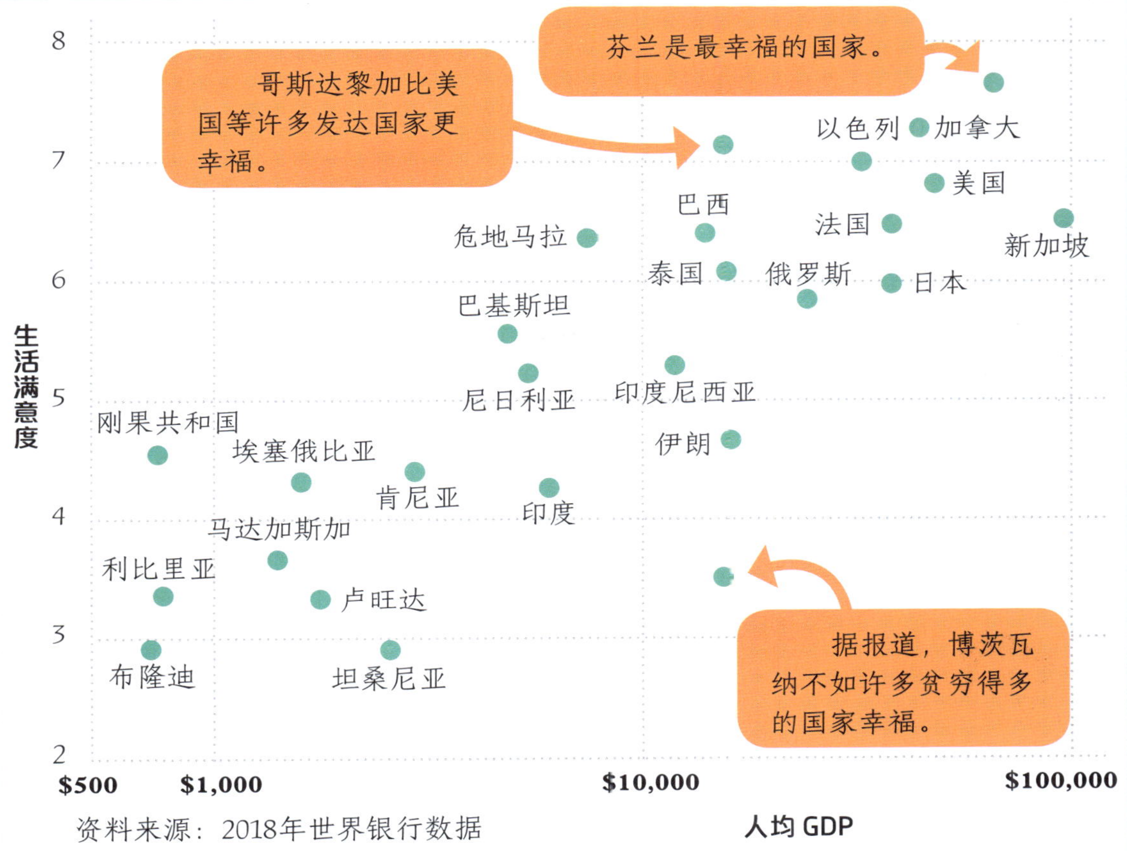

资料来源：2018年世界银行数据

这张图只是部分国家和地区人民生活满意度的概览。但它确实表明，尽管较发达国家的人口往往生活满意度更高，但情况并非总是如此。所以，金钱并不是唯一让人幸福的东西。

- 人们是否可以自由选择如何生活？
- 人们生活在清洁的还是受污染的环境中？
- 人们信任企业和政府吗？
- 如果遇到问题，人们是否有可以提供帮助的亲朋好友？

不平等是件坏事吗？

不平等无处不在。有些不平等无关紧要，比如有的人会抖动眉毛，而有的人就不会。但有些不平等似乎很不合理，比如有的人比其他人拥有更多的钱。说到钱，我们不应该人人平等吗？

想象一下，你要把一大笔钱发给学校里的学生。这里有三种分配方案。

1. 不管成绩如何，每个人得到的钱一样多。

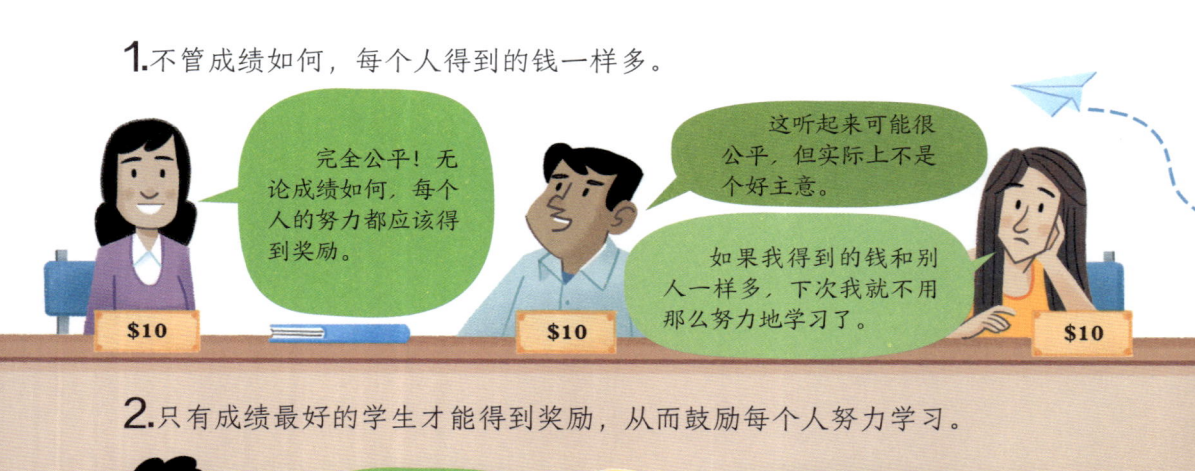

2. 只有成绩最好的学生才能得到奖励，从而鼓励每个人努力学习。

3. 每个人都能得到一些奖励，但是做得越好，得到的钱越多。

你会选择哪个方案？你还有更好的方案吗？

只要不太极端，并且每个人都有公平的机会可以登顶，许多人能接受一定程度的不平等。

不管怎么说，这都是一个荒唐的例子，没有人会因为取得好成绩而得到报酬。

也许不是直接的，但是好的成绩确实有助于人们在成年后获得薪水更高的工作……

在实际生活中，很难控制不平等的程度。其实，世界上大多数国家和地区的贫富差距正变得越来越大，有些地方贫富分化的速度更快。这种情况的发生有多种原因。

钱生钱
如果你已经很有钱，那就可以更容易地通过储蓄和大额投资赚更多的钱。

工资差距
有权力的人可以给自己带来丰厚的报酬，包括更高的薪水，他们也的确这样做了。

歧视
有些人因为性别或种族受到歧视，不能享有同等的机会、工资和权利。歧视通常是违法的，但对许多人来说，这是无法改变的事实。

避税港
富人往往能找到少纳税的方法，这让他们更加富有，却让他们的政府更贫穷（更多信息请参阅第45页）。

关于如何遏制不平等，人们有很多不同的意见。

富人可以创造机会和就业岗位，如果我们帮助他们，财富会慢慢流向大家。我们就能帮助到每一个人。

如果富人把钱捐给穷人，这可能会有一点儿帮助，但我认为最好确保我们从一开始就有平等的机会。

穷人应该从富人手中夺走权力！

如果我们迫使每个人都更加公平地分配他们的财富，我们会过得更好！

不义之财

钱不仅可以用来购买东西，还可以用来打通门路，影响他人，所以人们非常喜欢钱。不过，我们如何才能避免有人利用金钱进行不正当交易呢？

金钱具有激励人们改变世界的力量。

第一个制造出提供的动力相当于一箱汽油的汽车电池的人，将获得1,000万欧元奖金。

金钱也可以用来影响政府。

我是一名说客。一家制糖公司付钱让我说服政客们制定有利于他们生意的法律。

许多人认为，通过提供奖金来鼓励创新是可行的，雇用说客影响政府也是合理的。但这两种方式都可能被滥用，导致贪污腐败。在大多数国家，政府制定了反腐败法，但它有时并不能奏效。

嘘……你能确保我的孩子的大学申请表审核通过吗？

接受　拒绝

为了帮您赢得选举，我的国家愿意给您一些钱。

但是我们不可以接受国外的资金援助！

你到底想不想赢得选举？想象一下有了这些钱你能发多少传单和广告！

好吧，但你要保密，我们这样做违犯法律。

为逃避规则或获得优待而用财物买通别人称为贿赂。

祸国殃民

腐败意味着有钱的人比别人拥有更多的权利,这是不公平的。腐败很危险,它会削弱人们对政府和企业的信任。

在我的国家,我不想花费时间精力去投票。无论如何,政府只会做大企业想让它做的事情。

点燃黑暗之光

人们进行暗箱操作,腐败在背地里滋生。政府解决腐败问题可以尝试的方法有以下这些。

- 制定法律,允许公民和记者强制要求组织机构公开它们正在做的事情,即信息自由(FOI)法。

- 不管公民有权还是有钱,确保法庭可以自由审判。

- 给官员支付合理的工资,从而降低收受贿赂对他们的吸引力。

- 确保人们在收了钱做某些事情的时候会对外公开。例如,如果视频网站用户收了钱去推销一种产品,就需要公开说明这件事。

- 让说客公开他们做了什么以及花了多少钱,使得腐败在发生时更容易被发现。

- 如果规则太多,个人和企业可能很难遵守这些规则,政府也很难了解每个人的情况。所以,有时候取消规则和书面文件也能有所帮助。

用金钱抗议

有时，人们会联合起来拒绝购买某种东西，以此表示抗议，这就是所谓的联合抵制。这看似是一件小事，但当许多人共同行动时，会产生很大的影响。下面是一个著名的例子。

20世纪初，印度处于英国的统治之下。英国通过控制印度的纺织业等方式从印度赚了很多钱。

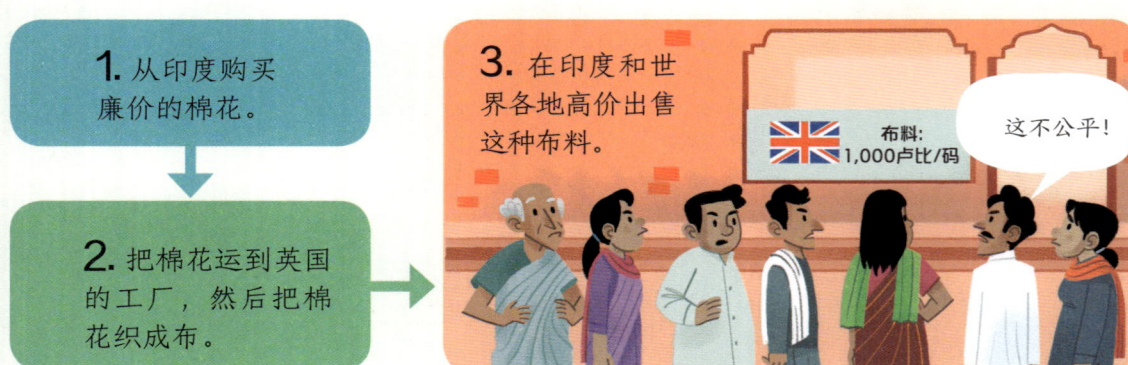

政治活动家莫罕达斯·甘地（Mohandas Gandhi）鼓励印度人联合抵制英国产品，尤其是布料，并鼓励他们自己生产。

没有人确切地知道当时有多少人停止购买英国布料，但随着抵制的蔓延，越来越多的人开始支持这场独立运动。多年的抗议活动最终促成了1947年印度的独立。

这种非暴力不合作的抗议活动激励了世界各地的人们为了自己的权利而战。

纺车成为印度独立的有力象征，甚至成为印度国旗的图案。

›› 消费者影响力

消费者影响力是指消费者影响企业决策的能力。下面是消费者影响企业决策的几种方式。

更换卖家

你可以换一个你喜欢的卖家,而不是拒绝购买某种东西。顾客的流失会向卖家传递一个信号,促使其进行改善。

我担心这些是圈养的鸡下的蛋,所以我要换成散养鸡蛋。

买我们的鸡蛋的人越来越少,我们要亏钱了。

我们决定将我们的鸡放养。这样生产出来的鸡蛋成本高一点儿,但我们会盈利。

提建议

给公司写信或在社交媒体上发帖子,让它们了解顾客关心的问题。

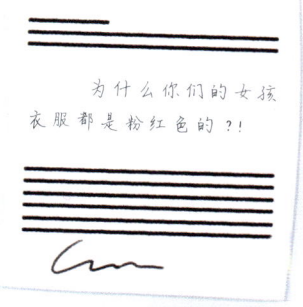

捐赠

为那些致力于改善企业行为,比如促进企业保护环境的组织或机构提供资金支持。

我没有时间和金钱针对我在意的所有问题更换卖家、提建议或捐款。这些问题应该由政府来解决。

的确如此!但各国政府对全球企业的行为没有太多控制权。消费者可以更快地在全球范围内发挥影响。

如何谈判

有一天，你可能会遇到这样一种情况：你需要通过讨价还价来促成一笔更好的交易。这就是所谓的谈判。以下是一些有效谈判的技巧，无论是电话要约，还是在商店中买到有缺陷的产品，甚至是薪水的谈判，这些技巧可以提高你谈判成功的概率。

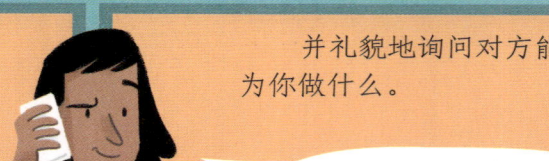

如何成为亿万富翁

10亿美元是很大一笔钱。如果每秒钟数一个数，数到10亿需要30多年。怎么会有人得到这么多钱呢？

"富二代"
从家族继承的财富

初始财富：很多
耗费时间：短
风险：低
成功机会：高

投资者
不断投资，直到财富增长到数十亿

初始财富：中等
耗费时间：长
风险：非常高
成功机会：低

发明家
发明了一些持续畅销的东西

初始财富：因人而异
耗费时间：因人而异
风险：中等
成功机会：非常低

企业家
经营一家或几家大公司的商人

初始财富：因人而异
耗费时间：长
风险：高
成功机会：低

尽管任何人都有可能成为亿万富翁，但现实中大多数亿万富翁都是55岁以上，生活在发达国家，大约三分之二都上过大学。

成为亿万富翁的另一个重要品质是坚持不懈。大多数亿万富翁在获得他们的财富之前都失败过，损失过一大笔钱，并且曾不断尝试新鲜事物。

关于"如何成为亿万富翁"这个问题，没有标准答案。你经常会听说有些人最初几乎身无分文，最终却腰缠万贯——这只是一个美好的故事。实际上，许多亿万富翁在迈向这一目标之初就必须付出很多努力。

多少钱才算足够

想象一下,你和四个朋友被问道:"在没有其他收入的前提下,你需要多少钱才能舒适幸福地度过余生?"写下的金额最少的人可以得到这笔钱,你会写多少?

你选择的金额必须高到足够你购买基本生活用品,又必须低到足够让你有机会获得这笔钱。舒适生活所需要的钱因人而异。

总有一天我会有孩子,这意味着我要养活更多的人。

一个必须要照顾其他人的人需要的钱可能比那些不需要照顾别人的人多。

基本生活用品的价格水平因地而异。

我所在的城市,食物和住房方面要花很多钱!

为了使你填写的数额更低,你必须认真考虑,哪些东西是必需的,哪些东西可有可无。

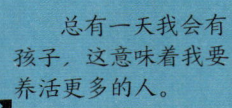

我奶奶说,快乐与成就感来自内心,与你有多少钱无关。

我老了以后可能需要有人照顾,但我完全可以不去看电影。

对我来说,仅仅购买生活必需品是不够的。我还需要把一些钱花在提高生活质量上。可是我有哪些爱好是不需要花费太多钱的呢?

这个问题没有标准答案。你可能永远不需要做这种决定,但是这个问题会促使你思考,对于你来说"足够"的最低金额是多少——可能不到10亿美元。

接下来怎么做

现在，你应该已经明白，正确的理财方法不是只有一种，谈论甚至思考理财的方式也不止一种。这是因为钱是一个非常私人的话题，是有关你和他人关系的一个问题，这些关系包括你的未来计划、你的工作以及最重要的——你所做出的承诺。

与此同时，金钱也是把你和地球上其他人联系在一起的东西。当它在个人以及企业之间转手时，这个可以追溯到几千年前，并延伸到世界各地的交易链上就又增加了一环。这就是钱之所以重要的原因。

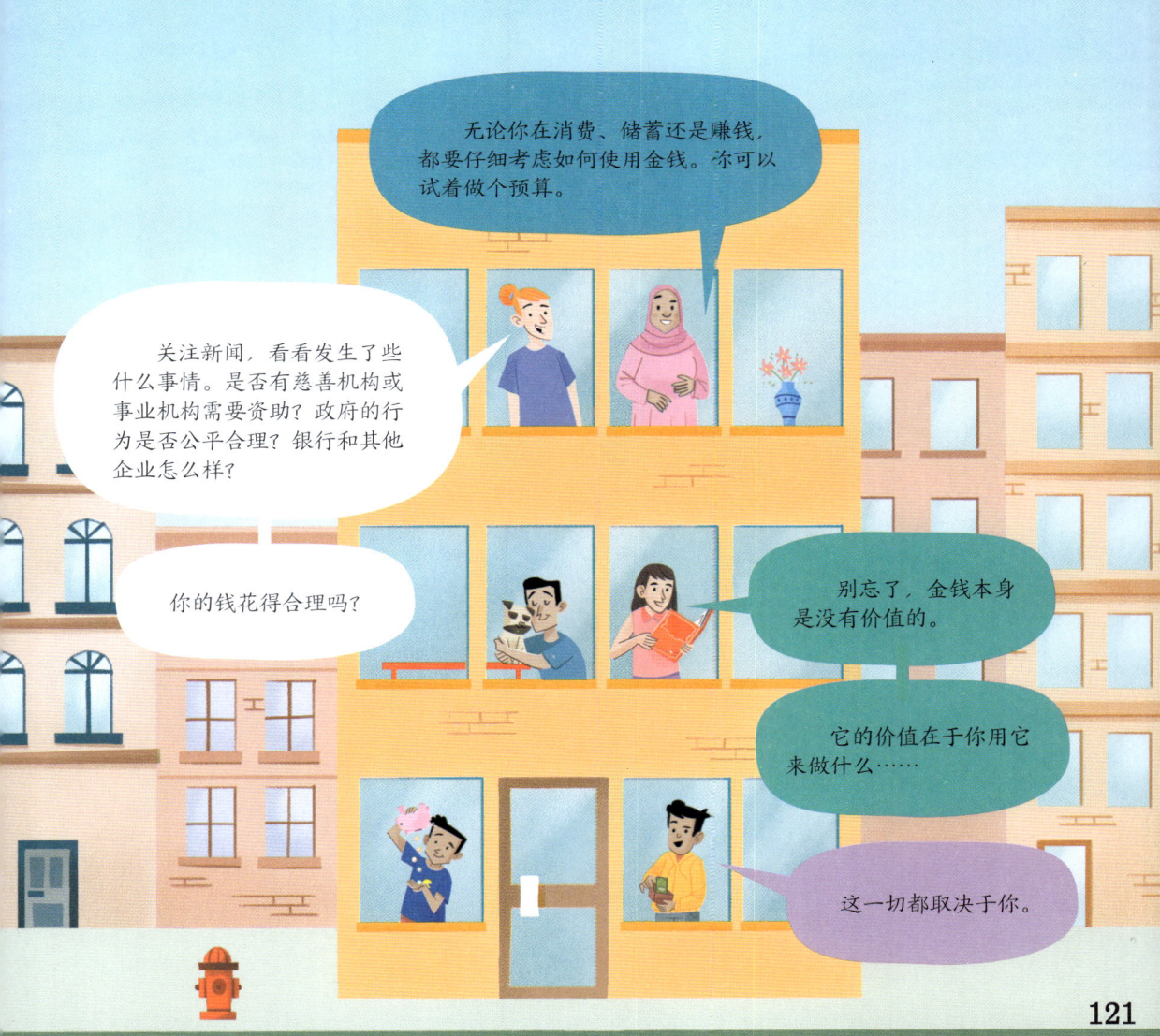

术语表

本术语表解释了本书中使用的一些词语。

按揭贷款 一种允许个人用来购买住房或其他建筑物，并在多年内分期偿还的贷款。

保险 为了防止发生不可预测的事情（比如意外事故）带来损失，提前向一家公司支付少量的钱，这样意外发生时，可以获得一大笔赔偿。

财富 个人或企业拥有的资金，包括资产和现金。

成本 企业在出售产品之前所投入的费用。

赤字 企业或政府的支出超过收入的情况。

储蓄账户 只能按约定日期支取现金，但利率比活期存款账户要高的银行账户。

慈善家 把大笔财富捐献给慈善事业的人。

贷款 出借给个人或企业的必须偿还的资金，通常是连本带息偿还。

抵押品 一种当债务人无法偿还债务时，债权人可以向债务人（个人或企业）没收的资产。

电子货币 电子形式的货币。

福利 政府向困难群体提供基本公共服务而支出的资金。

复利 如果现有利息尚未结清，这一利息将在下一计息周期并入本金，与本金一同计算利息。

活期存款账户 存取方便，可随时支取现金的银行账户。

货币兑换 用一种通货兑换另一种通货。

公共服务 用税收来支付费用，由政府向每个人提供的事物，比如福利。

股东 持有一个公司的股份，并有权从该公司的利润中分取一部分的个人或机构。

股份 表示股票的另一个名词，但其严格意义上是指一系列不同种类股票的集合。

股票 属于不同个人或机构的企业部分所有权。

国债 一国政府欠银行或其他国家政府的债务。

合同 一种书面协议，比如劳动合同就是一种明确劳动者和用人单位的权利和义务的书面协议。

加密货币 一种使用数学和密码破译技术在网上创造、交换并保证安全的数字货币。

借记卡 一种允许个人直接连接到银行账户进行支付的银行卡。

金本位制 一种旧的货币体系，在这种货币体系中，一种货币的价值与一定数量的黄金的价值挂钩。

金融 与货币有关或与货币的管理有关的

经济活动。

金融工具 个人、银行或企业之间签订的与现金、资产或衍生产品有关的书面协议。

经济 一个国家的货币总量，以及这些货币中在国内处于流动状态的数量。

经济衰退 一国经济或GDP在一定时期内不断变弱的状况。

利率 一定时期内一笔贷款的利息与本金的比率。

利润 一家企业除去运营成本之外所获得的资金。

利息 当你向某人借钱时必须偿还的除本金之外的额外费用，或者银行向存款的客户支付的报酬。

联合抵制 许多人达成一致意见，共同拒绝购买特定企业生产的某种产品或一系列产品。

量化宽松 政府通过向银行借款创造出特定金额的货币，其目的是提高通货膨胀率。

流动性 某种资产越容易兑换成交换媒介，它的流动性就越强。

募捐 募集捐款，通常是为了资助慈善机构或其他慈善事业。

贫困 指人们没有足够的钱或收入来满足基本生活需要（如食物和住房），并且无法申请到贷款的经济状况。

破产 当一个人无力偿还债务时，通过变卖其财产来偿还债权人的经济状态。

期货 一种衍生产品，一方承诺根据尚未发生或尚未存在的事物向另一方支付一定的金额。

商业银行 为个人和企业提供存款和贷款业务的银行。

市场 指供人们买卖东西的地方，或指企业的销售对象。

税收 个人和企业向政府支付的用于公共服务的资金。

通货 在特定地区普遍使用的一种货币，如英镑或美元。

通货紧缩 一国物价水平整体持续下降的情况。

通货膨胀 一国物价水平整体持续上升，且该国货币的价值持续下降的情况。

投资 把钱花在预期能够增值的物品上，比如艺术品或企业股份。

投资分散化 通过投资多种不同的事物来使风险最小化。

投资银行 政府、企业或富人用来为某些耗费资金的项目筹集资金的银行。

透支 从一个银行账户支出的金额超过该账户存款的金额。

物物交换 在不使用货币作为交换媒介的情况下，直接用一种物品交换另一种物品。

现金 硬币或纸币形式的货币。

薪水 从事某项工作的定期报酬，通常每月支付一次。

信用卡 一种允许人们凭借个人信用先消费后还款的银行卡。

信用评级 银行用来决定贷款对象和贷款利息的一种体系。

衍生产品 一种金融合约，其价值取决于一种或多种基础资产或指数，如某种商品、服务或利率。

亿万富翁 按本国货币计算，拥有10亿及以上财富的人，比如10亿美元。

银行 参见"商业银行"或"投资银行"。

银行账户 记录银行存款的账户。

预算 为个人、企业或政府制定的关于他们的所有收入和支出的书面清单。

诈骗 用说谎的方法骗取别人金钱的行为，通常是一种犯罪行为。

债权人 把资金借给其他人的个人、银行或企业。

债券 政府和大企业出售的长期债务。

债务 欠个人、银行或企业的钱，通常要连本带利偿还。

证券 可供个人购买或出售的任意形式的金融工具，如股票。

证券交易所 买卖股票等证券的场所。

证券经纪人 在证券交易所帮助客户买卖股票等证券的人。

中央银行 通过与本国政府密切合作来控制一国货币的单一银行。

资产 具有价值，且可通过出售转换成流动的货币的物品，如房子、汽车或债券等。

GDP 国内生产总值，即一个国家所有常住人口和企业在一定时期内创造的财富总额。

索引

白银……………………………… 25，28
保险……………………………… 75
保险库……………………… 30，37，38
贝壳…………………………… 26，27
比特币……………………… 108，109
避税港………………… 44，45，113
不平等…………………… 112，113
茶叶…………………………… 26，27
超支……………………………… 74
赤字……………………………… 93
储备货币………………………… 21
储蓄账户…………………… 76，77
慈善机构…………………… 82—87
慈善事业…………………… 86，87
存款…………… 36—38，41，76，77
存钱罐……………………… 35，38
贷款……………………… 7，39，40，
　　　　　　　48，49，59，60，63，65
抵押贷款…………………… 48，49
抵押品…………………………… 65
第一次世界大战………………… 31
点对点借贷……………………… 43
电子货币………… 4，5，16，19，
　　　　　　　　　　37，41，106
俄罗斯…………………… 9，90，102
法定货币…………………… 18，31
法律…………………………… 115
犯罪………… 7，29，48，51，66—68，114
放高利贷的人…………………… 63

福利…………………………… 95，103
腐败………………………… 114，115
复利……………………………… 61
赋税优惠………………………… 91
个人所得税………………… 90，91
工会……………………………… 57
工资……………… 91，94，97，98
工作…………… 49，50，54—56，97
公共服务…………… 6，89，92，95
供给与需求……………………… 56
共同基金………………………… 81
古罗马…………………………… 28
股票…………… 33，46，47，78—81
股息………………………… 78，87
雇员………………………… 54—57
雇主………………………… 55—57
关税…………………… 90，91，103
国内生产总值(GDP)……… 96，111
国债……………………………… 93
海豚牙齿………………………… 26
合同……………………………… 55
黑曜石…………………………… 26
胡椒籽………………………… 26，27
胡萝卜………………… 4，14，16
黄金………………… 28，29，31
黄铜……………………………… 28
汇率……………………………… 9，20
贿赂…………………………… 114
活期存款账户…………… 76，77
货币供给…………………… 18，93

125

基本收入	95	流动性	17
基准利率	99—101	卢布	9
计价单位	15, 25	吕底亚	28
加密货币	108, 109	绿咬鹃羽毛	26
价值储藏	15	美国	4, 8—10, 31, 48—51, 93, 96
交换媒介	15, 25	美索不达米亚	24—26
交易	6, 7	美元	8, 9, 20, 21, 29, 31
交子	30	密码	67, 69
借记卡	38, 67, 77	募捐	82, 83
借据	25	穆拉巴哈	42
金本位制	31	挪用公款	66
金融工具	32, 33	欧元	8, 20, 21
金融危机	48—51	贫困	96
金属锭	26	破产	65
紧急财政援助	50	期货	33
经济	96, 97, 99, 102, 103	歧视	113
经济衰退	49	企业贷款	59
就业	54—57, 97	青铜	26—28
捐款	6, 82—87	区块链	108—109
抗议	50, 51, 116	商业银行	48—51, 99—101
可可豆	26, 27	世界银行	111
空壳公司	44	收据	30, 72
累进税	91	税率	91
离岸银行业务	44, 45	税收	6, 29, 44, 45, 90—95, 103
理财顾问	64, 65	说客	114, 115
利率	60, 76, 77, 100, 101	谈判	55, 118
利息	32, 38—40, 42, 58—61, 63, 76, 79, 93	提取现金	38, 41, 67
		通货	4, 8, 9, 20, 21, 93
联合抵制	116	通货紧缩	98
粮食	24, 25	通货膨胀	79, 97—101
量化宽松	101	投资	7, 46, 47, 78—81

投资分散化 …………………………… 81	印度 ………………………… 28，116
投资银行 ………………………… 46—51	英镑 …………………………… 20，21
投资者 …………………………… 46，47	英国 ……………………………… 31
透支 ……………………………… 58	盈利 ……………………………… 42
网络钓鱼 ………………………… 67，68	盈余 ……………………………… 93
网络资金安全 …………………… 68，69	硬币 ………………… 4，18，19，25，27—31
物价 ………… 10，74，97，98，100—103	玉石 …………………………… 26，27
物物交换 ………………………… 14，24	预算 ……………………………… 72
希腊 ……………………………… 29	元 ……………………………… 9，20，21
洗钱 ……………………………… 66	诈骗 …………………………… 66—69
现金 ………… 4，16，18，19，37，41，106	债券 …………………… 32，47，78
消费者影响力 ……………………… 117	债务 …………… 32，48，49，61，64，65
小费 ……………………………… 10	证券包销 ………………………… 47
薪水 ……………………………… 54	证券交易所 ……………………… 47，80
信息自由 ………………………… 115	证券经纪人 ……………………… 47，80
信用合作社 ……………………… 43	政府 ……………… 18，21，29，31，
信用卡 …………… 39，58，61，64，67	32，44，45，51，89—103，114，115
信用评级 ………………………… 62，63	政治 ……………………… 21，50，51，
幸福 …………………………… 110，111	94，95，102，103，113—115
雅浦岛石币 ……………………… 26，27	支出 ……………………………… 72
盐块 ……………………………… 26	纸币 …………………………… 19，30，31
衍生产品 ………………………… 33，47	中国 ……………… 9，27，28，30，96
伊斯兰银行 ……………………… 42	中央银行 ……………… 18，37，99—101
亿万富翁 ………………………… 119	众筹 ……………………………… 43，83
银行 …………… 5，30，35—51，99—101	资产 ……………………………… 78
银行挤兑 ………………………… 41	自动柜员机（ATM机）…… 37，38，67，77
银行家 …………………………… 50，51	自由职业者 ……………………… 54，55
银行账户 …………… 5，36，38，76，77	最低工资 ………………………… 57

绿色印刷　保护环境　爱护健康

亲爱的读者朋友：

　　本书已入选"北京市绿色印刷工程——优秀出版物绿色印刷示范项目"。它采用绿色印刷标准印制，在封底印有"绿色印刷产品"标志。

　　按照国家环境标准（HJ2503—2011）《环境标志产品技术要求 印刷 第一部分：平版印刷》，本书选用环保型纸张、油墨、胶水等原辅材料，生产过程注重节能减排，印刷产品符合人体健康要求。

　　选择绿色印刷图书，畅享环保健康阅读！

北京市绿色印刷工程

桂图登字：20-2019-017

Usborne Money for Beginners
Copyright © 2020 Usborne Publishing Ltd.
First published in 2019 by Usborne Publishing Ltd., England.

图书在版编目（CIP）数据

读懂金融 / 英国尤斯伯恩出版公司编著；石明明，刘珊译 .—南宁：接力出版社，2020.5
（少年商学院）
ISBN 978-7-5448-6432-9

Ⅰ.①读… Ⅱ.①英…②石…③刘… Ⅲ.①金融学-青少年读物 Ⅳ.① F830-49

中国版本图书馆 CIP 数据核字（2020）第 034598 号

责任编辑：朱春艳　　美术编辑：杜　宇
责任校对：张琦锋　　责任监印：陈嘉智　　版权联络：闫安琪
社长：黄　俭　　总编辑：白　冰
出版发行：接力出版社　　社址：广西南宁市园湖南路9号　　邮编：530022
电话：010-65546561（发行部）　　传真：010-65545210（发行部）
http://www.jielibj.com　　E-mail:jieli@jielibook.com
印制：北京尚唐印刷包装有限公司
开本：710毫米×1000毫米　1/16
印张：8.5　字数：60千字　版次：2020年5月第1版　印次：2020年12月第6次印刷
印数：35 001—50 000册　定价：78.00元

本书中的所有图片均由原出版公司提供
审图号：GS（2020）1106号
版权所有　侵权必究
质量服务承诺：如发现缺页、错页、倒装等印装质量问题，可直接向本社调换。
服务电话：010-65545440